县域经济可持续发展
十二解

北京互生经济学研究院课题研究办公室　编

TWELVE SOLUTIONS TO SUSTAINABLE DEVELOPMENT OF COUNTY ECONOMY

中国商业出版社

图书在版编目（CIP）数据

县域经济可持续发展十二解/北京互生经济学研究院课题研究办公室编．—北京：中国商业出版社，2018.11
ISBN 978-7-5208-0567-4

Ⅰ.①县… Ⅱ.①北… Ⅲ.①县级经济—经济可持续发展—研究—中国 Ⅳ.①F127

中国版本图书馆 CIP 数据核字 (2018) 第 231634 号

责任编辑：孔祥莉

中国商业出版社出版发行
010-63180647 www.c-cbook.com
（100053 北京广安门内报国寺 1 号）
新华书店经销
北京彩虹伟业印刷有限公司印刷
*
700×1100 毫米　16 开　13 印张　230 千字
2018 年 11 月第 1 版　2018 年 11 月第 1 次印刷
定价：58.00 元
****
（如有印装质量问题可更换）

北京互生经济学研究院课题研究办公室
县域经济可持续发展课题编委会

主　任　何开秀
副主任　崔文杰　张　忱
统　筹　张　忱
委　员（按姓氏笔画为序）
　　　　　李兴宸　李宛霏　肖和斌　肖　萍　吴宏骏
　　　　　余云清　张周兵　陈小勇　陈楚鸿　秦　对
　　　　　殷红艳　黄贵斌　黄　辉　廉梅芬

作者介绍

本书编委会主任何开秀教授是互生经济理论创始人、《互生经济学》著作人、中国杰出女企业家、北京互生经济学研究院院长、2015年度中国经济十大新闻人物，曾荣获互生经济学理论研究成果特别贡献奖。她带领参加编写本书的北京互生经济学研究院课题研究办公室县域经济可持续发展课题组成员，从2014年就深入市场对县域经济可持续发展相关解决方案和模式应用问题进行有针对性的探究，并于2017年成立课题组编委会，对阶段性的研究成果进行了系统性梳理总结，形成该书。

课题组编委会成员根据所学专长，各负专项领域研究之责。

前　言

"十三五"规划提出，发展特色县域经济，加快培育中小城市和特色小城镇，促进农产品精深加工和农村服务业发展，拓展农民增收渠道，完善农民收入增长支持政策体系，增强农村发展内生动力。

我们都知道，"县乃国之基"，强国之基在于强县。县域经济是国民经济的基本单元，是经济社会发展的基石和重要支撑，县域经济发展的稳定、质量和水平，直接决定着国民经济整体发展的稳定、质量和水平。要推动中国经济高质量发展，必须把县域经济的稳定可持续作为重要突破口，以县域经济的稳定发展促进整个经济的健康发展。

北京互生经济学研究院课题研究办公室的县域经济可持续发展课题组经过多年的市场跟踪，结合目前国家宏观政策以及市场上的实际现状和一乡一品品牌运营实施方案的出台，编写本书，把成功的解决方案解读给大家，为县域经济实现可持续健康发展作决策参考。

本书将围绕以下十二个问题提供解决办法。

一、怎样实现一方水土养育一方人。挖掘地方优势、发展地方特色、讲好地方故事、丰富地方名片的内涵、培养本土人才。

二、怎样落实农业环境改善。土壤改良、控制农药使用、科学使用肥料、建立农产品品质保障销售的循环服务、建立品质福利机制。

三、怎样升级农业科学发展。因地制宜、全球眼光、优选品种、更替措施、量

Twelve solutions to sustainable development of county economy
县域经济可持续发展十二解

化种植、创新发展模式、调整产业结构。

四、怎样塑造乡镇品牌。产品内涵挖掘、品质与营养特征升级、产品品牌塑造、品牌溯源管理、品牌质量跟踪、品牌产品奖励引导、品牌产品市场入口把关、品牌产品品质责任挂钩、品牌产品品质责任追究。

五、怎样打通品牌产品渠道。品牌运营维护、品牌渠道建设、品牌市场保护、品牌产品入驻社区、品牌产品物媒链接销售渠道、品牌产品分享销售同步。

六、怎样保证品牌产品销售。品牌产品定向消费支持、品牌信誉担保、品牌产品渠道监督、品牌产品社区专卖。

七、怎样开拓乡镇农业就地销售。开展预定业务、现货业务、认养业务、承包业务、体验业务、科学实验业务。

八、怎样发展农村休闲旅游业。农家乐旅游、乡村游、民俗节日游、文化游、特色餐饮游。

九、怎样深挖土特产。土特产加工、土特产销售、土特产体验、土特产深加工。

十、怎样挖掘地方传承。工艺传承、非遗传承、小吃传承、文化传承、故事传承。

十一、怎样摆脱靠天吃饭。种植福利、品牌福利、消费福利、兜底福利、人人福利。

十二、怎样建立民企政互利共同体。农民有保障、穷人有兜底；企业有发展、经济可持续；国家有利税、政府有收益。

编写本书的目的就是：希望我们的研究成果能帮助县域的政府和企业，突破县域经济发展瓶颈，建立持续、健康、稳定、高质量的经济运营机制，提升产品品质，重建品牌运营体系，解决农民靠天吃饭的问题，实现农民的保障性收益。

"郡县强，天下兴。"县域经济作为一个功能比较完备的综合性经济体系，是

Preface
前　言

宏观经济和微观经济的结合点。我国的县域面积占国土面积的90%以上，人口占全国总人口的70%以上，工农业总产值占到全国工农业总产值的一半以上，壮大县域经济是提升区域经济实力和区域竞争力的重要保障。

现阶段我国县域经济发展中还存在许多问题，在全面建成小康社会过程中，应当充分重视并彻底解决这些问题。要加强组织引导和培育市场活力，统筹规划，突出产业发展，拓展农民就业渠道和增收空间。要培育具有支撑作用的区域性主导产业，每个县都应当根据自然、历史和发展水平及特点，培育形成本区域内具有特色的加工业、物流业或其他主导型产业，逐步形成区域经济高地。要通过创新驱动，有效地利用资源，发挥区域优势，推进结构调整，推进绿色发展，推进创新驱动，解决"农业+创业+扶贫"。习近平同志指出：人民对美好生活的向往，就是我们的奋斗目标。千方百计推动县域经济发展，是增加农民收入、改善农民生活的基本途径。

当前我国消费结构处于变革升级阶段，我国县域经济面临巨大发展机遇，关键是要把产品质量搞好，把品牌建设好，打造出中国好产品的销售服务网络，创建消费福利保障体系，用消费福利保障、产业链打造、电商支持、创业扶持、品牌渠道打造等多种方式，开启一个全新的多元主体互利互惠的消费生态体系。

何开秀

2018年9月8日

目 录
Contents

前言　　/ 001

第一解　怎样实现一方水土养育一方人　　/ 004
　　一、挖掘地方优势　　/ 004
　　二、发展地方特色　　/ 006
　　三、讲好地方故事　　/ 008
　　四、丰富地方名片的内涵　　/ 009
　　五、培养本土人才　　/ 010

第二解　怎样落实农业环境改善　　/ 014
　　一、土壤改良　　/ 014
　　二、控制农药使用　　/ 016
　　三、科学使用肥料　　/ 018
　　四、建立农产品品质保障销售的循环服务体系　　/ 020
　　五、建立品质福利机制　　/ 021

第三解　怎样升级农业科学发展　　/ 026

　　一、因地制宜　　/ 026

　　二、全球眼光　　/ 028

　　三、优选品种　　/ 029

　　四、更替措施　　/ 030

　　五、量化种植　　/ 032

　　六、创新发展模式　　/ 033

　　七、调整产业结构　　/ 034

第四解　怎样塑造乡镇品牌　　/ 039

　　一、产品内涵挖掘　　/ 039

　　二、品质与营养特征升级　　/ 040

　　三、产品品牌塑造　　/ 042

　　四、品牌溯源管理　　/ 044

　　五、品牌质量跟踪　　/ 046

　　六、品牌产品奖励引导　　/ 049

　　七、品牌产品市场入口把关　　/ 050

　　八、品牌产品品质责任挂钩　　/ 052

　　九、品牌产品品质责任追究　　/ 054

第五解　怎样打通品牌产品渠道　　/ 060

　　一、品牌运营维护　　/ 060

　　二、品牌渠道建设　　/ 062

　　三、品牌产品分享销售同步渠道　　/ 064

Contents
目 录

  四、品牌产品物媒链接销售渠道　　／065

  五、品牌市场保护　　／066

第六解　怎样保证品牌产品销售　　／070

  一、品牌产品定向消费支持　　／070

  二、品牌产品社区专卖　　／071

  三、品牌信誉担保　　／073

  四、品牌产品渠道监督　　／074

第七解　怎样开拓乡镇农业就地销售　　／078

  一、开展预定业务　　／078

  二、现货业务　　／079

  三、认养业务　　／080

  四、承包业务　　／082

  五、体验业务　　／083

  六、科学实验业务　　／085

第八解　怎样发展农村休闲旅游产业　　／089

  一、农家乐旅游　　／089

  二、乡村游　　／091

  三、民俗节日游　　／093

  四、文化游　　／095

  五、特色餐饮游　　／098

第九解　怎样深挖土特产　/ 105

　　一、土特产加工　/ 105

　　二、土特产销售　/ 106

　　三、土特产体验　/ 109

　　四、土特产深加工　/ 110

第十解　怎样挖掘地方传承　/ 115

　　一、工艺传承　/ 115

　　二、非遗传承　/ 116

　　三、小吃传承　/ 118

　　四、文化传承　/ 120

　　五、故事传承　/ 122

第十一解　怎样摆脱靠天吃饭　/ 126

　　一、种植福利　/ 126

　　二、品牌福利　/ 129

　　三、消费福利　/ 130

　　四、兜底福利　/ 131

　　五、人人福利　/ 133

第十二解　怎样建立民企政互利共同体　/ 137

　　一、农民有保障，穷人有兜底　/ 137

　　二、企业有发展，经济可持续　/ 138

　　三、国家有利税，政府有收益　/ 140

Contents
目 录

附录　媒体报道　/ 143

一、《中国改革报》：互生系统：颠覆传统消费的理念　/ 143

二、《中国改革报》：互生系统：社会和谐发展的助推器　/ 148

三、《中国改革报》：一卡刷出消费赚钱的新商业时代　/ 152

四、《中国改革报》：企业盈利不忘民生福利　/ 156

五、《中国改革报》："五众"探索民生保障新路径　/ 160

六、《中国改革报》："农创扶贫"彰显大爱　/ 163

七、《中国改革报》：大道如砥踏歌行　饱蘸浓墨写新篇　/ 168

八、《中国商报》：互生卡掀起"消费赚钱"新时代　/ 174

九、《消费日报》：互利　互惠　互生卡　/ 178

十、《经济》杂志：何开秀：互生经济　推动社会和谐发展　/ 182

十一、《经济》杂志：一卡刷出消费资本新时代　/ 185

十二、民生周刊：互生模式　开辟民生保障新路径　/ 188

后记　/ 191

何开秀点题：
怎样实现一方水土养育一方人

怎样实现一方水土养育一方人，富裕的地方就不说了，重点是比较贫穷的地方。怎样才能养育一方人？我们提出：挖掘地方优势、发展地方特色、讲好地方故事、丰富地方名片的内涵、培养本土人才。这说起来简单，做起来就难了。挖掘地方优势，"如果地方有优势就不穷了"，这是我听的最多的话。但我还是相信一个道理，有人居住的地方就一定有居住的理由，否则祖祖辈辈怎么活下来的。我们必须要读懂生我们养我们的地方资源价值，我们只要用心去体验它们的存在，发现它们的作用，才能够挖掘出它们的价值。

儿时有一个表妹来我家居住，她有一个毛病就是夜晚尿床，吃了很多药都没有用，我母亲在我们居住地的河里捞了一种叫"爬沙虫"的"虫"，用面粉裹住油炸后给我表妹吃，没吃几次就彻底不尿床了。我离开家乡后在其他地方就没有听说过这种"虫"，只有我出生的地方才有。我也很喜欢吃这种"虫"，但只有回家乡才可以吃到，遗憾的是我已经二十几年没有回过家乡，这种味道就成了我的回忆。

"爬沙虫"就是我家乡的特色资源，如果开发出来就是地方特产。挖掘出来就是地方特色，不仅营养价值高还有药用价值。几千年来我们的祖辈们给我们留下了非常多的宝贵遗产，只可惜已经被丢得差不多了。能不能找回来就需要我们重新去认识，重新去发现，重新去寻找，重新去挖掘，挖掘它们的价值，扩大它们的需求面，只要有需求就有价值，需求的人越多，价值就越大。

互联网已经打破了信息壁垒，不怕好东西卖不出去，就怕同质化的产品泛滥，所以我们不要盲从，一定要挖掘属于地方的独特资源。如今物源码销售方式是地方特色产品走向世界的新路径，越是地方的特色就越有市场，让产品说话的时代到了。我们最容易被误导去做的事就是跟着别人赚钱的路子走，只要看见有赚钱的空间，也不分析自己的优劣势就简单跟随，最后同质化产品泛滥，产品销售出现问题。所以我建议，做好我们自己独特的地方产品。

自然环境比较好的地方比较富裕，商业流通比较快，居民的经济发展意识也比较强，对新思想接受快，市场反应也快，某些方面都跑在了政府的前面，只要健康引导就好。

在自然环境一般的地方，充分利用互联网技术，培养和调动本土资源和周边资源，科学发展农业种植、养殖、乡村游等相关项目，大力开展与地方资源的紧密合作，用好地方环境资源和地理条件，开展独具特色的预定种植、养殖、休闲游消费等，延伸特色发展，建立地方品牌运营与农户承包业务的对接，保证产供销服务体系的稳定。

由于目前农村空巢老人多，有土地资源闲置的情况，农户承包业务需要突破家庭模式，最好建立：

① 农民互助合作模式（农民自己相互组织互助生产，形成大家庭农场的发展模式，很多地方非常成熟）。

② 特色产品产业链模式（比如四川榨菜，一个地方特色小产品，解决了一方百姓的种植销售问题）。

③ 承包供应的产业链模式（通过专业项目公司来承包酒楼、食堂、机关、学校等部分农产品的长期供应，联盟农民解决种植基地形成一条产业链的合作模式）。

④ 预购定产的订单模式（通过地方品牌运营机构的诚信体系，借助互联网工具的应用，把社区零售的业务通过开展预购定产的整合组织开展农业种植、养殖与加工的订单模式）。

⑤ 企业+农户承包模式（企业抓市场、农户抓生产，配合协调、各尽其长，即解决了企业发展农业的种植用人成本问题，又为农民种植过程增加保障性收益）。

因为大量的农户需要有人来带领和维护他们的基本生活，只要分工责任明确，盘活闲散资源，效益互助分配，贫穷兜底保障，村民和睦相处，就能长期解决农业农村的发展和脱贫问题。

自然环境比较差的地方，山高路远，周边城镇人口少，这些地方的经济发展需要有有远程规划，大规模发展地方特色产品，规模化种植、规模化养殖、规模化加工、规模化运输，这就需要有畅通的销售渠道。重点打造地方名片，塑造产品的品牌价值，全球平衡选择适合本土发展的产品，因地制宜，量化生产，深挖价值，塑造品牌。

　　自然环境特别差的地方，如果脱贫成本太高，改造时机不成熟，搬迁是最直接的解决办法。大片无人山地是发展林业最好的选择，空出一些地方做其他之用也是一件好事。

　　我们要大量组织培养地方专业人才，挖掘地方独特的资源，发展地方的特色产品，应用互联网建立品牌运营服务体系，帮助地方销售产品，借助物源码信息工具（这里说的物源码是指由互生系统平台推出的一组互生数字号码，它通过一组数字串把企业与企业的产品进行溯源管理、通过产品的溯源连接并结合溯源交易结算实现产品走到哪里、广告做到哪里，销售连接推到哪里，让品牌企业掌握市场的主动权和市场产品的定价权，彻底解决了假冒问题，迎来以产品品质说话的营销时代）。做好产品的品牌效应，讲好家乡产品故事，丰富产品内涵，打通产品的销售渠道。同时，大量培养自己家乡的本土人才，除了传统工匠人才，还要培养新型互联网应用人才、品牌塑造与品牌运营人才。只有家乡的人，才最爱自己的家乡。

第一解
怎样实现一方水土养育一方人

常言道，一方水土养育一方人，一方人孕育一方文化。地域环境能影响和改变在其环境下生存的物种，不同的环境塑造或培养了不同的群体性格。人在特定的环境里长期生活，思维和行为习惯会逐渐形成特有的风格与方式，形成独有的地域风俗和特色。每个地区的水土环境、人文环境都不同，人的性格、生活方式、思想观念、人文历史也就随之而改变。地域环境改变人类，人类创造文明，文明影响人类，人类改造环境。循环往复，周而复始。

一、挖掘地方优势

发展地方经济必须依托资源优势，每个县域都有自己独特的资源优势，包括自然资源优势、传统文化资源优势、劳动力优势、科技资源优势……在发展经济的最初设计阶段，一定要充分考虑到这些资源优势，充分利用好这些资源优势，做出正确的评估和决策，走出县域发展的独特之路。

1. 依托自然资源优势做强县域经济

自然资源通常指在一定的技术条件下，自然界中对人类有用的一切物质和非物质的总称。一般认为，人在其自然环境中发现的各种成分，只要它能以任何方式为人类提供福利的都属于自然资源。从广义上来说，自然资源包括全球范围内的一切要素，它既包括过去进化阶段中无生命的物理成分，如矿物，又包括地球演化中的产物，如植物、动物、景观要素、地形、水、空气、土壤和化石资源等。自然资源是人类生产生活不可或缺的物质要素，是人类赖以生存的自然基础。中国幅员辽阔，资源丰富，但分布却不均等，资源丰富地区发展经济具备得天独厚的优势，但资源丰富不一定就经济发达，关键是怎么利用好有效的资源。挖掘资源优势发展县域经济是一个正确的战略选择。这个资源包括土地、森林、水、生物、能源、矿产等自然资源，也包括人口、劳动力、技术等社会资源。国内的很多县域，尤其是一些老工业县，建国初期是依托资源而兴建的，但经过几十年的开发成为资源枯竭型县域，经济陷入困境。所以，一个县域当拥有资源的时候，一定要依托资源，建立起相关的产业，对资源进行深加工，延长产业链，提高资源的附加值，防止粗放型的发展，走集约化可持续发展之路。

2. 依托国有大型企业发展县域经济

国有大型企业对发展县域经济有着举足轻重的作用。与民营企业比，国企规模大、产值高、就业工人多，对县域来说是一棵摇钱树。县域政府如果能充分利用好这棵大树，招商引资，做好国企的上游产品的供给和下游产品的深加工，延长国企产品的产业链，对县域经济的发展无疑会起到巨大的促进作用。同时，效益良好的国企工人的收入高，对一、三产业都有拉动作用。所以，有远见的县域政府应该为本地的国企做好服务，为企业发展提供良好的环境，使之成为县域经济发展的一个依托。

3. 依托大市场发展县域经济

全国有很多县域的小商品、服装、皮革、家具、钢材等各种各样的批发市场，县域拥有这样的市场或者毗邻这样的市场，就拥有了一个得天独厚的市场资源优势。繁华的市场犹如县域的马达，对区域经济的发展起着强力推进作用。现在我们早已进入了买方市场，市场是企业的生命。县域拥有这样的市场，就为本地区实体经济的发展提供了一个良好的平台。仔细研究发现，有的县域虽然有了一个大市场，但不幸的是市场的产品都是外地进来的，本地的市场就是起到商品的销售作用。而有的县域有了市场，实体经济马上跟进，产销一体，这样的地区经济才有可能做强做大。所以，拥有和毗邻大市场的县域，要加大招商引资的力度，充分利用好这个资源优势，做好县域经济发展的大文章。

4. 凭借传统文化资源优势发展县域经济

我们所说的传统文化资源包括各种人文历史遗迹、宗教、戏曲、地方特色文化、少数民族习俗等等。拥有这样资源的县域，可以考虑开发旅游项目，也可以深入挖掘本地多种文化资源，并结合本地的特色自然资源进行综合开发，还可以考虑传统文化与现代新兴产业结合，优势互补。皮影戏是华县和唐山等地的特色戏曲，已经有上千年的历史了，但现代传媒的发展，对皮影戏造成了巨大的冲击。现代人审美的一个突出特点就是多元化，不同地区的皮影制作和演唱都有不同的风格，认真挖掘，就会找到被广大观众接受的内容和形式。同时可以考虑把传统皮影与现代传媒结合，开发出符合现代审美的作品进行推广。另外，皮影本身具有很强的装饰性，可以开发艺术品和旅游纪念品。

二、发展地方特色

特色产业是一个地方在长期发展中利用特有的资源而形成的具有本地特色的产业。这样的产业往往具有历史性、地域性、独特性。我国拥有上下5000年的悠久历史，多样文化、广阔地域、丰富地产，在960万平方公里的国土上，分布着3000多个县市、4万多个乡镇，几乎每个县市和乡镇都有自己的特色物产、手工艺品或文化产品。作为一个多民族组成的国家，在少数民族聚集地区还存在着许许多多带有强烈民族特色的手工产品以及非遗文化产品等。但是由于缺少市场运营、合理的规划、先进的理念、专业的团队和文化随着城乡差距的增大，农村人口逐步向城市转移，许多县域乡镇的特色产品及文化随着世居者外流逐步消失，经济也逐步陷入困境，有些地方甚至成为了贫困地区。但是，也有一些地方特色产业通过坚持特色发展，走出了创新发展之路。

1. 树立县域特色发展理念

发展县域特色经济要以树立"特色理念"为先导，以建设"特色城镇为载体，发挥以县城为中心"的城镇体系的市场竞争力和辐射带动力的突出作用。县域经济作为一个相对独立的区域经济，自然资源、经济基础、文化背景及地理区位等都有一定的特殊性，都有不同程度的差异性。发展具域特色经济，要从县情实际出发，要立足独特的自然资源禀赋、历史文化内涵、产品市场优势等，全面把握县域经济发展的优势和劣势，树立"特色理念"，坚持"人无我有、人有我优、人优我特"的特色发展路子。要客观地分析县域经济发展的有利条件和制约因素，依托资源优势，培育适合本地特色的主导产业，大力发展特色经济。要因地制宜，找准县域发展定位和主攻方向，突出差异化竞争实施差异化发展，实现以特色领航发展、以特色赢得发展，走出一条独具特色的县域发展之路。

2. 挖掘县域特色资源

发展县域特色经济要以挖掘县域"特色资源"为依托。从全国县域经济发展的历程来看，特色经济一般都是依托特色资源发展起来的。各个县域都有不同的发展历史、不同的地方特点、不同的资源禀赋、不同的文化传统，必然存在有别于其他地方的资源优势。有的区位优势独特（地处交通枢纽或沿边开放带），有的自然资源富集（蕴藏大量矿藏资源或丰富的水、草、林等资源），有的产业资源明显（拥有良好的种植业、养殖业、加工业、旅游业等发展基础），有的社会资源突出（拥有深厚的历史底蕴或丰富的文化资源）。只有充分认识并开发好资源优势，构建起本县域的特色产业，才能超脱资金等因素的制约，实现县域经济的快速发展。发展县域特色经济，要在全面了解县情的基础上，努力发掘自己的发展优势，同时把自身优势和市场需求紧密地结合起来，依据资源的自然、人文、科技、生态环境等多个层面的特色和属性，对独具特色的资源进行物质形态的加工和转化，集中各种优势力量对特色资源进行规模开发、深度开发，培育经济增长点，创造出本地经济的鲜明特色。

3. 发展县域特色品牌

发展县域特色产业，就是要打破县域经济发展同质化格局，培育发展特色拳头产品，以做大做强特色支柱产业提升县域经济质量效益。特色产业可以催生品牌溢价。随着国家品牌计划的实施，县域产业更应该注重自身的品牌形象。在消费升级的背景下，打好特色产业这张牌，可以催生品牌溢价。2016年，"庆安大米"被评为中国大米十大区域公用品牌"中国十大好吃米饭"，并成为中国航天员中心的唯一指定用米，曾经默默无闻的"庆安大米"短时间就成为拥有相当影响力的"名牌"，品牌含金量不断飙升。目前，庆安县已成功注册了"庆安大米"域名保护商标和"庆安大米"国家地理标志保护产品，实现了化蛹为蝶的嬗变，大大提升了市场竞争力和发展活力。发展县域特色品牌对县域而言，可使县域基于本地优势来促进经济发展。对全国而言，各县域发展特色产业，就是发挥各地区自身优势，形成优势互补，打破传统地区封锁，促进全国统一市场的形成。

4. 打造"互联网+县域特色"发展模式

互联网电子商务不断创新发展，仅在十几年间就由单一模式发展成为适应市场要求的B2C、C2C、B2B等多种模式，行业种类也涵盖众多产业，对商业格局产生了重要影响。如今，"互联网+"已经从商业领域扩展到旅游、制造、教育等领域，形成互联网与特色产业联动发展的新模式，带动了制造业、物流业等相关产业的不断发展。县域特色经济与"互联网+"形成的经济网络平台可采用六种发展模式。

第一，利用网络平台宣传区域特色产品，结合图片、视频、文字，分门别类地对自身优势进行说明，以获得更多的关注和资本投入。第二，加强相关行业间的交流合作，以此促进行业线下经济发展。第三，强化网络交易，关注市场行情，及时根据市场需求调整原有产业结构，实现产业增值。第四，依据市场需求大力发展特色产业，同时带动相关产业形成产业链，做好产品供应服务，提高生产质量和效率。第五，注重线上与线下相结合的发展模式，科学调配资源，实现区域资源的有效利用，根据市场需求加速推动区域特色产业转型升级。第六，重视自身产业大数据收集，注重网络经济平台的建设，从多方面增强区域特色经济的发展动力。

三、讲好地方故事

一个产品能够畅销包括许多因素，讲一个好的产品故事或者打造有故事的好产品，触动消费者的内心，引起感性购买是一个重要因素。产品故事的另一种说法就是"品牌故事"，简单来说，通过讲故事的方法来阐述县域文化内涵，增加县域文化的浓厚感，通过主动、趣味、感人的表达方式唤起县域品牌与消费者之间的共鸣。

1. 赋予情感的故事

大多数品牌故事与创始人有关，带有传奇色彩，往往一句话的故事更能凝聚传达品牌的文化内涵，更能唤起与消费者之间的共鸣，引起口碑的互相传递。比如到了情人节就会想起德芙巧克力，它的广告语是：得到你是我一生的幸福。一下子就抓住了顾客的心，情人节到了，很多热恋中的年轻人就会送德芙巧克力。如果你的产品是有故事的产品，客户会成为无意中的推广者，和客户产生了交流和共鸣。

2. 卖故事先学讲故事

《孙子兵法》记载："声不过五，五声之变不可胜听也，五色之变不可胜观也，味不过五，五味之变不可尝也。"意思就是，一些看似简单的东西，却可以有无穷无尽的变化，反过来思考，无论多么复杂的事，本质也没有太大的差别。所以在故事的讲述中，能把所要表达的要点集中在一处，反而能达到想要的传播效果，而听众会自己联想到更多的主题。所有的产品故事都是为了打动人，讲故事都是为了传播情感。不论是先有产品来讲故事，还是先讲故事来打造产品，都是为了让消费者产生感性购买。

3. 讲好县域品牌农业故事

农业发展看县域，农业是各县域经济发展的基础和重点。随着经济的发展与居民生活水平的提高，百姓品牌意识不断增强，品牌农产品的需求也与日俱增，在消费升级的背景下，品牌成了质量的保证，由此便滋生了品牌农业。发展品牌农业必须源于市场的需求，以市场导向为原则。各县域在农产品的开发与培育之前，必须对农产品品牌的市场需求特征进行充分的调查与分析，在此基础上开发与培育出市场所需要的农产品品牌，并通过各种载体、形式进行有效的品牌宣传、推介，将农产品品牌的文化即农产品品牌的价值观传递给消费者，迅速提升品牌的知名度、美誉度，使消费者对该县的农产品品牌产生信任与忠诚，进而形成农产品的品牌效应。

四、丰富地方名片的内涵

打造一张好的地方名片，对于提升当地形象、促进发展有着特殊的意义。县域名片应该是县域精华的浓缩，是历史的传承，文化的延续，最能展示县域特色、最能反映县域精神风貌，有利于提升县域知名度，扩大影响，进一步提高县域居民的生活水平。每一个县域都有自己的历史和文化背景，县域名片就是要把这种差异化特质浓缩出来。地方名片在凝聚地方特点、展示自身魅力、形成新的竞争力方面有着不可估量的作用。

1. 立足特色文化资源讲好文化故事

在中国，有大量的地方都不缺乏历史底蕴和文化，每个地方每个县域都有自身独有的风景，都有区别于其他地方的文化特色与精神内涵。讲好县域文化故事首先应该立足本土特色文化，凝聚出特色的文化系列。其次要发展县域文化产业，强化文化品牌，延伸文化品牌链条。通过构筑特色文化品牌和特色文化产业优质发展的良性互动格局，实现县域文化品牌打造。

2. 促进产业融合壮大县域特色文化品牌

在县域文化产业的探索发展过程中，各县域要因地制宜，锐意创新，创造文化旅游、民俗文化、名人文化、传统书画、工艺品制造等多种模式。乌镇是小桥流水的江南小镇，近年来，乌镇扶持旅游与互联网、数字文化产业相融合，2014年首届世界互联网大会在浙江乌镇举行，乌镇成为世界互联网大会永久会址，推动互联网在"智慧旅游"等领域的广泛应用，加速服务业智慧化转型。自2013年起，乌镇举行一年一度的"乌镇戏剧节"，用创新手段演绎中国故事。乌镇正式将产业融合进行到底，抓住互联网发展的重大机遇，释放"互联网+"文化旅游产业融合发展模式红利，借此"乌镇模式"受到世界广泛好评，也为地区注入新的创新基因。

3. 运用多元手段营销文化形象

一部优秀的地方文化宣传片好比文化品牌的"展板"，要运用多元手段，多角度发力去营销，尤其是在互联网新媒体技术和影像技术兴盛的时代，一个县域一座城的形象片已然构成了县域形象对外传播的重要方面，是一种让人快速了解自己的方式，能够让受众留下深刻、长久印象，由此带来知名度和美誉度。

4. 集结民间力量选好代言人

在打造县域名片的初期阶段，县域政府起到主导作用，随着社会和民间部门的参与，会大大提升县域品牌应有的感召力和凝聚力，为品牌运作带来长远影响。县域政府和百姓更能透彻地领会当地的文化和内涵，能够更加直观、生动地表达家乡之美。因为自己是品牌的拥有者和创造者，所以会用全部热情去推广。

五、培养本土人才

县域发展，人才是魂。人才匮乏一直是影响和制约县域经济发展的一大瓶颈。在全面建设小康社会的进程中，人才对县域经济发展的促进作用越来越明显。切实加大对本土人才的培养、引进和使用力度，为县域经济发展提供强有力的人才保障，是当前摆在地方县域政府面前的一个重要而又紧迫的任务。县域发展需要聘请外面的专家学者来开阔视野、启发思维、增长见识，但更多的时候，县域的发展主要还是依靠本土人才来支撑。从这个角度看，县域如何培养本土人才就显得尤为重要。

1. 树立科学的人才观念

树立"人才资源是第一资源"的意识和"坚持以人为本"的科学发展观，把本土人才发掘、培养等工作放到服务于当地经济建设和社会发展的高度来同谋划、同部署，灵活用好地方人才。县域在辖区内定期或不定期地进行本土人才调查摸底，准确识别出一批本土"人才能人"，主要是指思想素质较好、经营管理水平较高、带头致富能力强的"一好一高一强"的人，建立本土"人才能人"动态管理台账，真正做到不唯身份、不唯学历、不唯职称、不唯资历，克服只论资排辈，不重视创造力，只唯文凭，不重视实际技能的不良作风，不拘一格选才用才。

2. 规范县域人才发展机制

县域要重视本土人才的开发与管理、强化本土人才的教育和培养、制定本土人才成长激励政策，努力营造尊重本土人才的良好氛围，切实做好本土人才的培养与储备。同时要以市场为导向，充分发挥用人单位在本土人才发掘、培养、使用上的主体作用，加强政策引导、制度保障和工作指导，改进与完善党政领导干部人才工作目标责任考核机制，把人才工作作为"硬指标"纳入考核内容，切实摆正人才工作的重要位置，加大对人才工作的投入。

3. 加强实用人才队伍建设

县域人才的发掘与培养是一个长期且系统的工程，不能一蹴而就，更非朝夕之功。所以，教育在发掘与培养过程中的引导、渗透作用十分重要。县域要把具有建筑、服装、种植、养殖、维修等技术的能工巧匠，经营管理企业的人才、农村经纪人和农民专业合作经济组织带头人等，按照行政、经济管理、机械、商务、生产、流通、营销、旅游等不同类型进行选拔、分类培训。充分发挥职业学校、成人文化技术学校、现代远程教育网络和各种技术推广培训机构的作用，实施实用人才工程和教育培训工程。同时，创新培训形式，完善激励机制，培养高素质人才，并为其发挥作用提供广阔平台。

参考文献：

1. 隋殿海.挖掘资源优势 发展地方经济[J].现代经济信息,2014(7).

2. 王广禄，顾高菲. 地方特色产业要坚持特色发展［OL］. 中国社会科学网，［2017-09-05］. http://ex.cssn.cn/zx/shwx/shhnew/201709/t20170905_3630582.shtml.

3. 周小璐. 加大本土人才培养转变用人观念［OL］. 光明网，［2016-05-19］. http://difang.gmw.cn/sc/2016-05/19/content_20172623.htm.

4. 谭景峰. 关于特色立县的几点思考[J]. 北方经济，2013(11).

何开秀点题：
怎样落实农业环境改善

农业的健康发展离不开科学种田，而要科学种田就要进行土壤改良、控制农药使用、科学使用肥料，这也是农产品品质保障的基础，在这方面各地政府已经做了大量卓有成效的工作，也有可行的解决方案，存在的问题是如何做好后续的维持工作，严格按照国家相关要求去执行，对此就需要多方面的配合。由于农产品的销售价格没有稳定的保护措施，遇到产品出现滞销时，农民种田的积极性就受挫，就有可能回到低成本种植模式上来，品质就无法保证，要解决这个问题我们需要注意以下三点：

1. 农民改良土壤有什么好处，如果带来的好处不大，就是政府有强制要求，他们也可能会想办法偷工减料。

2. 农药与化肥的生产管理问题，农药化肥是农民种田出高产的依赖，用什么样的农药和肥料要从根儿上去抓，抓住农药肥料的生产源头。

3. 超标使用的问题，从产品生产过程着手，建立农产品的快速监测跟踪机制，从产品销售渠道上严格把关，让农药超标产品无法进入品牌渠道，用品牌渠道的诚信来引导消费者放心消费。

如何把强制变成自愿需要从三个方面入手：一是生产监督方面，可以考虑通过建立责任制来监督产品生产过程，严把产品生产过程的质量关；二是产品进入品牌渠道的销售环节要严格把关，不合格的产品不能够进入品牌渠道销售，在品牌销售渠道也实行责任制且责任到位；三是需要从奖励方面入手，只要是生产好产品的农民就给予品牌销售福利奖励，让农民看到，只要是种植出好产品就能够得到长期的福利保障。要做到这三点，我们还需要做好以下五项配套工作。

1. 产品品牌塑造，用品牌品质来树立市场的消费信心，让消费者放心品牌消费。

2. 从品牌产品的品质选择上严格把关，没达到规定改良的产品不能给予品牌入选，不能给予销售渠道，不能给予物源码销售推广。

3. 对实行产品品质改良的农户提供改良种植福利，实现农民种田改良有收益有

Twelve solutions to sustainable development of county economy
县域经济可持续发展十二解

福利。

4.改良好产品进行品牌冠名、品牌溯源、入渠道、进社区，物源码推广销售，按照品质情况奖励农民种出好产品获得销售奖励福利，让农民种植好产品有福利。

5.通过种植好产品福利，土地改良福利，消费积分福利三项福利来为农民扩大收益来源，加上种植收益，让农民增加多项收益来源点，同时解决后顾之忧。

这样不仅仅只是提升了农产品品质，还增加了农民的收益来源，并为他们解决了后顾之忧，兜底脱贫。把过去强制措施过渡到自愿执行，从靠天吃饭到实现社会福利制度的兜底保障。

解决方案需要每一个环节的密切配合，如果没有一套完整的技术支持和相互之间的责任挂钩，传统概念的操作是无法实现改变的。农创品牌运营股份有限公司推出的一乡一品品牌运营商体系打造，是集合了先进的互生经济学理论和互生大数据系统平台的技术支持，针对农业农村的发展量身定做的一套品牌运营的解决方案，这套解决方案可以为农业农村的环境改善起到监督执行的推动作用。

第二解
怎样落实农业环境改善

随着农业现代化的推进和农业产业结构的不断调整，形成了规模化的种养殖业，但由于多数农民欠缺掌握农药、化肥的正确使用方法，导致化学制剂违规使用情况很严重。另外，对地膜、尾菜、秸秆等副产物没有科学的回收与管理机制，对农业环境造成了很大破坏。农业环境事关农业生产产量、农产品品质安全以及农村生态环境的安全，要对农业环境进行改善不是一朝一夕就能完成的，需要建立长效的合作、管理、教育、监督、保障机制。运用一乡一品品牌运用体系能够逐步解决农业环境的改善等诸多问题。

一、土壤改良

农业的发展离不开土壤，土壤是农业生存和发展的基础，也是整个县域经济产业链的源头。乡村振兴主要是解决农民的发展问题，而土壤与劳动力恰恰是大多数农民赖以生存的资源，其中土壤环境的好坏直接影响着三农的发展，所以，土壤改良对县域经济可持续发展具有主动创造客观发展条件的重要意义，这对县域农业的发展甚至整个乡村振兴战略都是至关重要的。国家出台了《中华人民共和国土壤污染防治法》，这是我国首次制定专门的法律来规范防治土壤污染，该法律将于2019年1月1日起施行，这意味着我国土壤污染防治专项法律的空白得以填补。

1. 农业生产土壤破坏严重

在传统农业生产中，主要使用的是有机肥，但随着现代工业的发展，化肥因具有施用简便、速效和高产等特点，使用越来越广泛，为农业生产发展做出了重大贡献，不过也有相当大的副作用。由于近年来化肥滥用，导致我国的土壤环境出现了严重的问题，如土壤板结、肥力下降、酸碱失衡、土壤生态环境破坏等。肥料的使用问题是影响土壤环境的主要问题。除此之外，我国农业生产使用土壤还遇到了其他的污染问题，比如由于农药违规使用，导致农药残留物超标，进而影响农产品安全。另外，由于收割后的秸秆没有科学的处理，有的随意丢弃造成环境污染，有的直接就地焚烧，大量杀死了土壤的益生菌和有助生产的生物，严重破坏土壤生态环境，加上地膜技术广泛使用后产生大量的残留物在土壤中，由于大多数农民缺乏环保意识以及在多数农村没有科学的回收机制，使得废弃的地膜无法得到降解，对土壤环境造成了严重破坏。过去几十年里我们一味地在加速发展农业产量，但忽略了农业环境问题，导致当今很多县域土壤严重贫瘠，盐碱地、缺素地、酸碱地等大面积出现，严重制约着我国县域经济的可持续发展，所以进行土壤改良迫在眉睫。

2. 土壤改良遇到的实际问题

土壤改良实施过程当中，主要在以下几个方面遇到了问题：

第一，如何让农民合理使用化学肥料，如何让农民主动使用、主动参与土壤改良并按照标准严格实施。

第二，如何加大有机肥投入量，土壤肥力的主要指标是土壤有机质的含量，土壤有机质一旦缺乏，土壤的有益微生物菌群将失衡，而微生物又会促进土壤有机质、营养元素的分解和转化，有机质则为微生物提供营养和适宜生存的环境，两者的关系可以用"唇亡齿寒"来形容。很多农民都知道使用有机肥有好处，但仍然没有大量使用的原因，我们可以归纳为以下三点：一是缺乏科普教育，农民对有机肥的认知程度不够，不了解有机肥对土壤肥力的重要性，从而易忽略其带来的益处有多大；二是以传统土杂肥、禽畜粪便为代表的有机肥，原料采集不是很方便，且农村缺乏技术支持，很难发酵腐熟到使用标准，而且制作过程比较麻烦；三是由工厂生产加工的有机肥使用成本过高，大多性价比不合理，导致农民投入的数量远远满足不了实际需求，有的索性完全选择化肥。

第三，补充有益菌（微生物菌剂）过程中的相关问题。微生物是生态圈的分解者，可以活化土壤有机和无机养分，提高肥料利用率，降解重金属残留，抑制土传病害的发生，促进植物健康生长，是土壤肥力可再生的源头，所以微生物菌对土壤改良起到了以点带面的作用。但微生物菌类的类别太多，如微生物菌剂、复合微生物肥料、生物有机肥、内生菌根菌剂、根瘤菌菌剂等，大类当中又有上百种不同的菌种，不同的菌种起到的主要作用又不一样。

3. 为农民土壤改良加把劲

优良的农业生产土壤环境是县域经济可持续发展的前提条件。近年来，我国已经开始高度重视农业环境问题，针对土壤改良推进了一系列抢救措施，取得了一定的成效，但也遇到了瓶颈问题。土壤改良，改的主要方向实际是通过人为的干预重新使得土壤的生态环境恢复平衡。化肥的出现对作物增产固然是有效的，但为了追求产量，盲目、过量地投入化肥，忽略了有机肥的使用，打破了土壤生态平衡，导致虽然增加了总投入成本，却没有使产量进一步提升，反而给土壤造成严重的损害，原因在于土壤的肥力承载是有限度的，单一地扩充某一方面的营养只会造成过量的堆积和浪费，从而降低土壤内微生物的活性。微生物与土壤有机质是互利依存的关系，过量的化肥会使得土壤环境进入恶性循环，导致有机质偏低，进而出现土壤酸化、次生盐渍化、土壤板结等土壤退化现象。微生物菌的质量好坏很难直观地区别，而且微生物的作用效果是长期的过程，在短期内很难观察到，这使得农民面临选择的困难。针对目前土壤改良遇到的问题，主要集中在如何主动改良、选择技术、辨别效果、落实执行、服务管理上。要解决这些问题，我们需要从农业服务体制的根本上思考，从农民的需求着手，建立一乡一品品牌运营体系，在帮助农民解决养老、医疗问题的同时，也解决农产品销售问题，让农民主动参与规范的使用方式，从而使土壤改良的各项措施得到落实。

二、控制农药使用

农药的使用是农业增产的重要因素，不仅对农业防治病虫、草害起到了主要作用，也在减少人类由传染媒介可引起的发病率和死亡率方面做出了贡献，如疟疾中的疟蚊的防治。2016年中国农药工业协会正式发布的《农药工业"十三五"发展规划》指出，"十三五"期间，我国农药工业将继续优化产品结构，提高产品质量，主要产品质量达到国际先进水平。随着农药的需求越来越高，使用越来越广泛，由农药的毒性引起的负面影响也越来越严重。

1. 农药使用问题多多

人口的增加必然要求粮食增产，增产的主要途径无疑是提高单位面积产量，而提高单位面积产量的重要技术措施就是正确使用农药，但农药由于市场的逐利性而"乱"象横生，对农业生产环境造成了不良影响。一是农药名称繁多，质量参差不齐，让人雾里看花。有的农资商为了抢占市场，联合一些厂家对同一农药品种年年改头换面，以新农药名称投向市场，同一种类的农药派生出繁多的商品名，生产厂家不一，包装质量不祥，使用效果更是不一样，这其中假药、劣药充斥其中，农民是没有办法鉴别的，就是农村经销商也不见得能搞清。二是农药经营者众多，其素质参差不齐，销售手段多样化。经营者为了竞争农药市场这块"肥肉"，盲目加盟各类机构，这些经营者业务素质大多较低，只管售出基本提供不了技术服务，比如介绍如何用药、用药注意事项等，本来农药质量没有问题，因指导不当造成农民损失的情况并不少见，给农民拿错药导致用药不当的情况时有出现。三是农民使用农药误区多，虫灾病害乱抓药。当发生病虫害时，常常出现"急不择药"买到假药的现象，而平时发病初不用药，不见虫不用药；在使用农药时，又为减少工作量，往往多加药，少加水，因而适得其反的事屡见不鲜。

2. 找到农药使用中的问题

过于依赖农药来影响农业生产，会对农业环境的生态平衡造成破坏，特别是对原有食物链的破坏、地下水的污染、害虫迅速产生抗药性等。所以，科学控制农药使用是保证农作物安全生产、获得丰产丰收的前提条件，但在控制农药使用过程中常常会出现以下问题。一是农民缺乏农药安全使用意识，在选购农药时，只考虑防治效果而不考虑药物毒性，导致高毒、高残留农药滥用，有的甚至使用国家明文禁用和限用的农药，破坏了害虫和天敌的生态平衡，导致农产品农药残留超标、品质下降，出现食品安全问题。同时，长期大量多次使用同种农药，会使害虫产生抗药性，降低农药药效并且严重污染土壤环境。加上农民自身安全保护意识差，在配药、施药过程中不采取任何安全防护措施，如戴手套、口罩，穿长袖衣裤等，不注意喷向（在下风口喷药）和喷药时间，有的甚至在施药间歇抽烟、喝水、吃东西，且施药后不用肥皂洗手等等，导致农药对人身污染严重。另外，废弃的农药包装物处理不合理，大部分农户将使用后的农药包装物随处丢弃，将剩余的农药随处乱倒，严重污染环境。二是农民对农产品农药残留概念缺乏认识。大多数农户对农药残留超标的危害性缺乏认识，甚至不知道农药残留超标会对人体造成危害，有些农户为了防治效果好，盲目增加施药次数和施药量，有的为赶市场和行情，随意采收现象更为严重，甚至第一天打药，第二天就采收上市，致使农产品农药残留超标，严重影响了消费者的身体健康。三是工具落后农药利用率低。由于农村条件有限，大部分的农药施药器械比较落后，使用中普遍采用大容量、大雾滴喷雾，直接作用于作物（或病虫）上的农药利用率不高，大多流失到土壤或漂移到空气环境中，这部分农药既污染了环境，又通过水和土壤对农产品再次产生污染。

3. 科学控制农药的使用

农药对增进农业生产有着举足轻重的作用，但因其本身的毒性对农业环境的威胁也相当大。由于农药使用缺乏科学的控制，易引起急性中毒，另外，在自然界中不能降解的农药会通过食物链的传递、沉淀和浓缩，最终到达人们体内引起疾病、癌症。所以，我们需要用科学的方法控制使用农药，而在这个过程中最重要的是对农民使用者进行专业知识、使用技能方面系统的培训。要完成如此庞大的培训、跟踪、服务工作，我们可以利用一乡一品品牌运营体系在销售农产品时，要求达标使用农药的农产品才与其合作，通过打造一乡一品的品牌，让消费者能找到绿色、健康的农产品，通过消费市场来逐步规范农药的科学使用。

三、科学使用肥料

化肥农药是农业生产中不可缺少的重要生产资料，科学合理地使用化肥农药是确保农产品高产、优质的重要手段。国家要求农药和肥料"零增长"，减施增效，保证农产品质量安全。科学正确地使用农药肥料是贯彻国家政策和转变现代农业生产技术的必然要求。我国农民历来重视有机肥料的使用，有机肥料的总量一直较稳定，随着化肥使用量的上升，有机肥料的比例有所下降。据农业农村部资料显示：我国目前有机肥料约占总肥料使用量的50%；欧盟目前的肥料养分比例是化肥49%、有机肥49%、城市垃圾及废料2%，美国为化肥68%、有机肥32%。

1. 走出使用肥料的认识误区

有机农业目前还没有公认的、严格的定义。有机农业也使用肥料，主要使用天然、有机肥料。我国绿色食品AA级标准规定只允许使用天然、生物肥料，A级标准规定有限度地使用化学肥料。我国AA级绿色食品只允许使用天然肥料（如磷矿石、草木灰）。实际上，天然矿物经过化学加工，其中的重金属等杂质大部分已随废渣排出，有害物质含量大大降低，化学肥料比天然矿物要纯净得多，对环境的危害更小。有机农业和绿色食品生产不应该随意控制某种肥料的使用，而应该看这种肥料对农产品品质及环境的影响。关于有机食品的宣传给人造成的印象是"天然""有机"就是好的。实际上，世界上目前还没有确切的证据表明有机食品和常规食品的品质差异，即使是世界有机食品协会和负责的有机食品生产商也从未宣称有机食品品质高于常规食品。而正确施用化肥可提高作物品质是公认的。

2. 针对存在问题对症下药

县域农资市场经过多年的改革，已经在很大程度上规范了县域的农资经营主体，但是，个别村级角落仍然有一些无证经营的小店销售不合格的肥料。甚至个别经营户受利益驱动违规销售低劣、假冒、添加隐形成分的产品，有的采用以假充真、以次充好的手段欺骗农民。个别种植基地通过"地下"渠道（如物流、班车、自带等）使用未审核过标的违规产品。因为肥料市场没有专营制度，各种各样的水肥、微肥市场鱼龙混杂，农民无法辨别。农民用药用肥缺乏科学培训和指导，盲目用药，跟风用药，随意加大用量。解决这些问题，必须有针对性地采取措施，比如，规范经营主体，对于无证经营的个体应该予以取缔。对于市场上销售"无标"、含隐形成分、添加第三成分、套证产品要进行查处。加强对物流公司仓库的检查，加强对车站（班车）检查。培训农民科学使用农药肥料，利用生产企业、经营商和农业部门的资源，定期或不定期对农民培训，培训内容包括作物的栽培技术、病虫害防治技术、农药肥料的使用技术及注意事项。指导农民科学使用农药肥料，组织技术人员到田间地头，真正提升农民科学合理安全使用农药肥料，保证农产品质量安全，促进农民增产增收增效，打造地方品牌特色农业，保障地方农业可持续健康发展。

3. 顺应生态系统规律

科学的农业生产方式是以生态平衡为核心理念，将可持续、可再生作为发展方向的循环生产方式。在生产过程中，应尽量减少化肥、农药的使用，多运用该区域生态环境中的食物链规律，以生物自身在食物链中的捕食关系或者一些副产物对食物链的作用来淡化化学制剂的作用。比如防虫棉的分泌物对棉花害虫有毒，但对其他物种没有毒性，这样可以减少甚至替代农药的使用。另外，在农业生产中为提高农作物蛋白质含量，化肥当中氮肥使用量是最大的，这个可以在农业生产中套种固氮植物，大多数豆类的根部与固氮菌是共生关系，可以天然固氮减少氮肥的使用。生物圈当中有着千奇百怪、不可思议的生态系统关系，这些规律当中，有很多生态农业发展可学习借鉴的地方。在生产过程中，每个生态环境都有一定的自我修复能力，但都有一个承载的极限，无论土壤、水域还是草场都不能过度开发，一旦超过承载极限将对原有的生态平衡造成不可修复的破坏。如果其中某一成分过于剧烈地发生改变，都可能出现一系列的连锁反应，使生态平衡遭到破坏。如果某种化学物质或某种化学元素过多地超过了自然状态下的正常含量，也会影响生态平衡。如果农药和化肥过量使用，尤其是劣质肥料的使用，对农业生态系统的破坏，修复起来会需要很长的时间，甚至可能是无法弥补的。

四、建立农产品品质保障销售的循环服务体系

县域农业环境的改善是一个系统工程，需要一个完整的运营体系来完成。中央一号文件连续多年锁定三农主题，农业发展环境得到大幅度提升，农业产业结构得到有效改善，农业取得巨大成就，促进了我国国民经济的又好又快发展。生态循环农业已成为解决我国农业发展面临问题的一个有效途径，可为我国农业发展提供新的模式，提高农业资源的利用率，有效提升农业发展质量，保障农产品质量安全。借助一乡一品品牌运营体系来建立农产品品质保障销售的循环服务体系，将可以改善县域农业环境，推动县域农业经济实现可持续发展。

1. 农产品要有品质保障销售

我们应该清醒地认识到，在农业发展过程中依然存在着一些突出问题和矛盾，如发展模式单一、农业生产污染严重、农业资源消耗量过大等。另一方面，随着人们生活水平的逐渐提高，享受型消费越来越得到广大消费者的追捧，人们对农产品的质量要求越来越高，因此，发展生态循环农业势在必行。农业环境遭到污染和破坏的根本原因在于市场对农产品日益剧增的需求，无论是化肥的泛滥还是农药的超标目的都在于希望增产增量，从而增加销售收益，正是因为这种盲目的跟风才导致了农产品产能过剩，同质化竞争，反而使得农产品品质下降，大量滞销。所以，要从消费者端来反思我们的县域农业需要生产什么、生产多少，需要达到什么品质消费者才会青睐，用什么办法能够解决农产品的品质保障销售，既让农民增收，又让消费者认可。

2. 一乡一品产供销一体化循环

要解决农产品的销售与品质保障就需要为农产品建立特色品牌打通消费渠道，而一乡一品品牌运营体系正是县域农产品实施品牌打造、品质监管、销售渠道对接的有力抓手和调控中心。一乡一品品牌运营体系是在每个乡镇选拔一个品牌运营商，并建立省、市级运营机构进行统筹规划。一乡一品品牌运营商负责挖掘当地文

化、特色，打造农产品品牌，并在品牌的运营过程中促进农产品销售。由于一乡一品运营体系拥有消费渠道，从而可以设立销售产品准入标准，只有达标的农产品才能进入渠道销售，没有达标的可以在运营体系的帮助下实施改善措施，从而形成产、供、销一体化的循环服务，为农产品提供销售渠道，为消费者提供品质保障的健康产品，为县域农业环境改善提供对接、培训、监督、管理服务。

3. 品质保障销售的有力保障

运用一乡一品品牌运营体系，可以"以销带产"，逐步完成县域农业产业结构调整，实现县域农业生产的良性发展。在一乡一品品牌运营体中，一乡一品品牌运营商负责筛选有品质保障的农产品，帮助其对接线上电商、定向消费、线下社区服务站渠道。在解决农产品滞销问题的过程中，还可以添加其他的销售模式，比如定制化农业、领养制农业、家庭体验式农业等，丰富县域与城市的消费互动。对进入销售渠道的农产品，一乡一品的品牌运营商将配合省、市运营机构对接技术专业和信用良好的农资机构，以一乡一品品牌运营商为服务点，对合作农户进行相关知识的系统培训，形成县域内农业培训学习的乡镇站点。在这个环节，不仅可以引进优质的农药、有机肥、微生物菌种、土壤调理剂等农资机构，还能通过培训学习机制，强化农民环境保护意识，便于组织对废弃地膜、尾菜、秸秆的统一回收和科学处理。另外，对接先进的工业技术，运用共享的方式帮助农户享受科技便利，降低工具使用成本。在执行各项改善措施的同时，一乡一品品牌运营商还动员农民相互监督，以保障农产品的品质。一乡一品品牌运营商帮助完成改善措施的农产品打造品牌，对接销售渠道，以市场的角度来促使农民主动、自愿、积极地参与到农业环境改善当中。通过全国各省、市、一乡一品品牌运营商的循环服务体系，收集市场动态，分析市场需求，进而反馈给生产端进行产业调整，按需生产，避免盲目跟随带来的不必要浪费，逐步实现县域农业的供给侧改革。

五、建立品质福利机制

品质福利是指对严格按照改良技术执行，对产品达到品质要求的农民给予福利保障。为了更好地激发农民的积极性，在运用一乡一品品牌运营体系实施县域农业环境改善的同时，需要建立品质福利机制，对配合改良、认证学习、严格执行，实现产品品质达标的农民增加保障。

1. 品质福利调动农民主动性

品质福利制度的建立是在国家取消农业税、农业直补、新型农村合作医疗等惠民政策以外的一项创新举措，它对保障农民基本生活、推动农村减贫和缩小城乡差距、维护农村社会稳定意义重大，同时对改善人们心理预期、促进消费，进而拉动内需也影响深远。建立品质福利机制，将农产品品质的优劣与农民的福利画上了等号，是激发农民自主创新，主动维护、提升品牌品质的"钥匙"。品质福利机制的建立，巧妙地运用市场行为避免了农民过于依赖政策的"惰性"，对推进县域农业环境改善起到了创新突破的作用。

2. 品质福利机制保障产品质量

一乡一品品牌运营商在打造品牌、对接销售渠道的同时，不仅对消费者发放消费福利卡，而且对合作农民也要每人发放注册一张消费福利卡，并规定只要是按照标准生产的品牌产品在成功销售后，都有奖励积分记在消费福利卡上，积分福利可以解决农民的生存、养老、医疗等刚需，积分投资还可以实现年年分红，月月分配，从而将产品品质与销售业绩挂钩，将销售业绩与对应农民的消费福利卡积分奖励挂钩，促使农民想要获得积分福利就要严格保障产品质量。

3. 品牌销售福利奖励措施

在一乡一品品牌运营体系中，只要是生产好产品的农民就给予品牌销售福利奖励，使农民看到只要是种植出好产品就能够得到长期的福利保障，并以相关配套工作加以保证。一是产品品牌塑造，用品牌品质来树立市场的消费信心，让消费者放心品牌消费。二是从品牌产品的品质选择上严格把关，没达到规定改良的产品不能给予品牌入选，不能给予销售渠道，不能给予物源码销售推广。三是对实行产品品质改良的农户提供改良种植福利，实现农民种田改良有收益有福利。四是改良好产品进行品牌冠名、品牌溯源、入渠道、进社区，物源码推广销售，按照品质情况奖励农民种出好产品获得销售奖励福利，让农民种植好产品有福利。五是通过种植好产品福利、土地改良福利、消费积分福利三项福利来为农民扩大收益来源，加上种植收益，让农民增加多项收益来源点，同时解决后顾之忧。

参考文献：

1. 佚名. 土壤现状堪忧，改良土壤迫在眉睫[OL]. 中国农业知识网,[2018-06-12]. https://www.

nongyezhishi.com/jishu/zhongzhi/202957.html.

2. 果农益友. 土壤改良迫在眉睫，日本的土壤改良道路给了我们何种启示. 搜狐网,[2018-05-03]. http://www.sohu.com/a/230332447_100162507.

3. 闫鹏威. 土壤改良问题之我见[OL]. 新浪微博,[2016-10-20]. http://blog.sina.com.cn/s/blog_137b3f6d1010303z2.html.

4. 佚名. 2017年中国农药行业现状及未来发展趋势分析[OL]. 中国产业信息网，[2017-08-09]. http://www.chyxx.com/industry/201708/548944.html.

5. 陈树远. 关于加强指导农民科学使用农药肥料的建议[OL]. 乐东县政府网，[2016-03-30]. http://ledong.hainan.gov.cn/gzhd/jyta/201609/t20160907_2111714.html.

何开秀点题：
怎样升级农业科学发展

如何升级农业科学发展，我们不能一概而论，我国各地的农业发展参差不齐，有些地方发展蒸蒸日上，有些地方发展徘徊不定，有些地方依旧观望等待，还有的地方依然依靠补贴。在这里不去分析原因，只是提出宏观操作上需把握的几个要点，并围绕这几个要点给出建议。

1. 因地制宜，全球眼光，优选品种。我们要知道在地球的什么经度、纬度、海拔、土壤属性和适合种植的品种有哪些，站在满足全球需求的角度来选择适合我们种植的品种，需求越大、机会越多，特别要挖掘适合自己地方特点的特色品种来发展农业经济。除了粮食作物以外的经济作物，只有独特的产品才能创造高效的经济价值。选择适合地方种植条件的品种，需要大数据的专业数据分析，农业战略研究专家需要重视这个领域，同时我们不能忽略地方的传承文化，沉淀于民间的传承是我们民族的宝藏，深入挖掘民族传承，不拘一格获取资讯，探索农业农村地方特色的独特产品，用高科技技术再生新资源。

2. 更替措施，量化种植。更替什么？就是把不好的种植品种进行更换。以果树种植为例，我们现在有部分已经种植成熟的果树，由于品种不好没有销路，如果把不好的果树砍掉农民会有损失，保留下来每年也不能产生较好的经济效益，这个更替过程需要创新农业农村发展的合作模式，通过更替的过程植入企业+农户承包合作模式。在保证农民有收益的同时改良了种植品种的更替，也改善了农村单打独斗的小农经济模式，实现农业农村平稳过渡到企业化的发展中，所以更替措施与量化种植的过程也是农业经济发展的体制改换的过程。通过市场化的商业模式来逐步渗透，通过规范标准的执行措施来指导农业农村的发展，在搞活市场经济的同时也保护农民的利益，维护农民的永久性收益，才能够更好地发展农业。这个过程不能一刀切，需要按照市场的需求来逐步过渡实现。比如我们把好品种的部分产品进入数字化的品牌溯源命名，从产品的源头溯源命名品牌，保证好品种有稳定的销售市场，不好的品种没有数字化溯源品牌命名，无法进入品牌渠道销售产品，只要产品销售不出去，就逐步替换掉，没有资金的农民就可以采取公司与农民合作的模式。比如，有公司投资树苗，农民负责培育，投资公司负责销售，公司与农民合作分成，品种选择与量化种植是投资人最关心的要素，品质是品牌公司要把关的核心重点，品牌是渠道商要把关的核心，相互携手，相互借力，相互制约，发挥好各自的擅长方面，取长补短携手发展。

所有种植类、养殖类、加工类产品，都可以通过品牌溯源管理、品牌溯源销售、品牌品质责任来过滤产品品质，把不好的产品品种过滤出来，过滤后就可以通过更替来推动我们农业农村的发展。

3. 创新发展模式，调整产业结构。农业农村的经济发展受很多客观因素的制约，如土地因素、环境因素、人才因素、技术因素、资金因素、规模因素、销售因素、政策因素等等。有些问题我们现阶段很难突破，但不能让我们的短板限制了我们的发展，我们要用别人的擅长来弥补我们的短板，用我们的擅长来弥补别人的短板，取长补短，寻求发展。创新发展不能只看到种植问题，更需要突破的还有合作模式，农业农村要科学发展就要突破传统种植经营方式，特别要突破小农经济思想，农业农村发展的机械化、规模化、公司化、品牌化是中国农业农村发展的趋势。

创新探索是有很大不确定性的，我们要尽可能地降低创新风险，为此就需要我们的地方政府根据地方的条件、环境，制定相关的合作范畴，给出参考依据。我们需要事先制定相关的政策指导意见，防止农民为眼前利益把自己的后路给"贱卖"了，到后来还是要找政府的麻烦。更要防止商人唯利是图、不择手段地把农民赖以生存的土地命根子给"演变"了。所以，我们必须规范创新的范畴与可操作空间，设定红线，为创新设定范围，而不是让市场混乱探索，没有边际没有规定范畴就让企业乱闯乱碰，给市场和老百姓造成无法挽回的损失，最后一地鸡毛，不知道谁来打扫。

创新一定是有风险的，如何降低创新风险是我们政府和相关机构需要研究和完善的工作。创新是八仙过海各显神通，可是创新范围要设定不可跨越的红线和不可涉足的领域。我们需要建立一个创新红线区，尽可能为企业在市场上的创新探索找到可行的依据。

第三解
怎样升级农业科学发展

2018年中央一号文件《中共中央国务院关于实施乡村振兴战略的意见》的出台，是开创新时代三农工作新局面的一个纲领性文件。党的十九大提出乡村振兴战略，为乡村发展勾画出了"产业兴旺、生态宜居、乡风文明、治理有效、生活富裕"的恢宏蓝图，将促进农业农村发展提到了前所未有的高度。县域农业的科学发展将对乡村振兴起到强有力的推动作用，一乡一品品牌运营体系的构建，从县域农业发展的根本点来思考，以乡村振兴战略提出的各项目标为方向和指针，运用自身优势并结合市场需求做出县域农业科学发展方案，全面协助县域各级政府落实乡村振兴战略，实现县域经济的可持续发展。

一、因地制宜

改革开放40年来，市场消费水平有了大幅度提升，我国农业发展方向从过去长期以提高产量、满足市场供给为主要目标，逐步向满足生产更多的绿色健康产品、发展良好的生态环境等方面改变。在这样的背景下，县域农业的发展升级势在必行，需要通过调研规划、发掘优势、因地制宜找出符合当地发展条件的农业产业和农作物，这也是实现县域农业科学发展的关键。

1. 促进县域特色农业提质增效

农业是县域经济发展的重要基础，而特色产业又是农业中发展最快最活跃的产业，因此，大力发展特色产业对农业供给侧改革具有较强的支撑作用。近年来县域农业特色产业呈现出较好的发展势头，但受特色产业基础薄弱等因素影响，农业特色产业发展中还应做到：

一是政策性扶持有待加强，县域普遍没有建立相关的扶持基金，缺乏激励机制，不利于调动企业和农户的发展积极性。

二是规模化经营有待提高。很多中小特色产业项目，基本还处在一家一户自由式种植、养殖、松散式发展的状态，特色化管理与公司化运作的发展模式，还处于初级阶段。

三是产品标准、品牌建设有待培育。农业特色产业项目多，品种杂，在生产中大多数产业都是以传统方式生产的初级产品，未能按相关的质量标准进行生产，有的产品还没有相关的质量标准。

四是营销能力有待提升。特别是中小业户不能只生产产品，更要把产品通过各种方式营销出去。在"互联网+"时代，提高特色产业户营销水平是一项重要的工作。

2. 找到县域最适合生产的品种

县域农业的发展既受地形、气候、生态环境等自然条件的影响，又受当地特色文化、市场需求、城镇和工业区间距、农民知识技术水平等社会条件的影响。利用县域自然条件的优势，把适合的农业产业和农作物布局在适宜它本身发展、生长最有利的地区，是因地制宜的重要内容。这其中，找到适合生产的县域品种尤为重要。每个县域的农业生产环境的特色均有不同，比如土壤的微量元素比例、土壤有机质含量、空气湿度、温度、阳光、水质等，只有生产适合当地生长的农作物，才不用过多地人为改造生产环境，从而减少工业产品对环境的破坏。同时，根据因地制宜的原则，可以在地形平坦、水源充足、气候温和湿润的地方，发展种植业；在地形陡峭的山区，发展林业和林下经济产业链；在半干旱地区的草原，发展畜牧业；在水资源丰富，地势低洼的地方挖鱼塘养鱼，发展水产渔业等。

3. 因地制宜升级县域农业发展

农业是县域经济发展的根本，县域农业要改变以往的发展模式升级为精准发展优势，就要做好因地制宜的调研规划准备工作，大力发展具有特色、优势明显、竞争力强的特色农业产业，加快调整农业产业结构，提高农业产业化经营水平。农创品牌运营要着力强化以下五个方面的工作：

一是建基地，充分发挥自然禀赋和资源优势，围绕发展具有地方特色的农产品，加快建设一批特色鲜明、集中连片的农产品生产基地。

二是深加工，大力实施农业产业化龙头企业培植工程，扶持培育一批自主创新能力强、加工水平高的龙头企业，提高农产品精深加工水平，促进农产品加工增值。

三是创品牌，充分发挥绿色生态特色和优势，大力发展无公害农产品、绿色食品、有机食品，提升品牌影响力和市场竞争力。

四是抓示范，县域每个乡镇的一乡一品品牌运营商要努力打造绿色有机农产品的供给区、标准化生产的样板区、农产品物流的核心区和生态农业的示范区。

五是促增收，完善农业产业化利益联结机制，大力推广"龙头企业+合作社+农户"等经营模式，使农业产业化发展成果更多惠及农户，带动农民增收致富。同时，因地制宜原则还需要县域结合自身发展特色，要结合县域适宜发展的农业产业和种植农作物进行规划，避免盲目跟风。

二、全球眼光

随着科技的高速发展，互联网联通了世界。农业不仅仅是我国的根本，也是国际民生的基础，更是构建人类命运共同体的发展条件，所以我们在重新规划升级县域农业科学方案时，必须具备全球发展的战略眼光，全局思考。

1. 树立世界眼光和战略思维

我国农业在进行结构调整的同时，逐步向"一带一路"沿线国家拓展，初步形成了行业类别齐全、重点区域突出、投资主体多元化的农业对外合作格局。农业是基础产业，农业稳则经济稳。随着经济全球化和县域经济一体化进程的不断加快，不同国家和地区之间的经贸联系日益紧密，发挥比较优势、推进互补合作、促进互利共赢，已成为世界各国、各地区发展的成功经验和普遍共识。树立全球眼光和整体思维，鼓励和支持县域农业品牌走出去，逐步融入全球贸易网络和物流网络，提升农业对外合作水平和全球资源配置能力，实现我国县域农业从"高产量"向"好品牌"的转变，将非常有助于促进培育县域农业品牌发展，提高县域农业品质，接轨国际农业进行互动交流，加快县域农业结构的调整。

2. 县域农业走出去的有利条件

县域农业要走出去，一方面是要找到彼此相互需求和利益的结合点，另一方面是要具备统筹的运营体系。关于结合点，经我国通过改革开放几十年的努力和探索，县域农业生产力水平有了很大提高，在农业综合开发和产业化经营等方面积累了较为丰富的经验。除此之外，"一带一路"沿线发展中国家，尤其是我们的相邻国家和地区，其农业生产的特点、发展目标与我国多数县域有相似之处，这是促进相互交流学习的前提，且目前大多处于改造传统农业的阶段，正是在快速融入合作发展的时期，这为共同分享互动改革开放几十年农业生产、经营方面的经验提供了契机。这种需求的差异性和利益的互补性,为我国县域农业走出去创造了有利条件。

3. 一乡一品助推县域农业走向国际

我国的县域农业要走出去,虽然有很多有利条件,但也会遇到障碍和充满不确定性的因素,因此,构建全国统筹互补的县域农业机制,有战略、有规划、有目标、有方法地形成我国县域农业品牌的统一体去面向国际,是降低诸多不确定因素风险的重要途径。一乡一品品牌运营体系还可以协助县域政府,为县域农业走向国际发展提供相关信息,培养专业人才,强化风控意识,有序引导品牌企业学习、适应、熟悉、融入国外市场。在国内一乡一品品牌运营体系的支撑下,使县域农业逐渐成长并融入全球农业品牌运营网络,提升县域农业品牌的影响力和话语权,同时帮助需要的国家、地区建设当地特色的农业品牌运营体系,促进国际农业优势互补、优质产品相互流通,避免资源的重复浪费,为人类命运共同体战略中全球农业科学规划提供国际发展经验。

三、优选品种

2017年,农业部印发的《关于加快新一轮农作物品种更新换代工作的通知》指出,优良品种是农业科技的核心载体,品种上的每一次突破都推动了农业生产跨越式发展。新中国成立以来,农作物品种已经历七八次更新换代,目前农作物良种覆盖率已达96%,品种对农业增产贡献率超过43%。优良品种的更新换代为保障国家粮食安全,促进农业增效和农民增收做出了突出贡献。种业是县域农业供给侧结构性改革和发展现代县域农业的先导产业,所以优选品种尤为重要。

1. 供需矛盾使品种选择转变

强农重种是现代农业发展的内在要求,农业转型,品种先行。一粒种子可以改变世界。长期以来,我国农业的首要问题是解决人民群众的温饱问题,种业的育种研发是以能够"高产"为目标,随着我国供需矛盾的转变,供给侧结构性改革成为县域农业科学发展的主线,种业研发方向也随之而变,由高产品种转向优质品种,由资源消耗品种转向绿色发展品种,由粮食作物品种转向粮食、经济作物并重的品种。

2. 以品种提升农产品品质

品种优选是促进县域农业结构调整的重要途径。我国玉米等主要粮食产品出现结构性过剩,尤其是东北地区玉米库存积压严重,而大豆需求连年增长,供给却逐年下降，因此需要通过品种攻关，培育一批能够推进东北地区调减玉米、扩增大豆种植面积的新品种。要以品种提升农产品品质，建立农业品牌促进县域农业的产业调整。在新型城镇化推进过程中，城乡居民食品消费结构逐步升级，不仅要吃得饱，而且要吃得健康，农产品的多元化、个性化需求显著增多，借此将带动品种攻关。要培育和推广一批抗旱、抗病虫、氮高效利用、适应机械化的绿色新品种，减少水、肥、药用量和人工成本，从而大幅度降低农业生产成本。总之，品种的优选方向一定要以促进县域农业科学发展为目的。

3. 建立优质品种保障机制

落实品种优选必须以县域农业科学发展需求为目标，围绕农业供给侧结构性改革主线开展筛选工作。一乡一品品牌运营体系前期需要筛选出现有适合的品种帮助农民进行品种对接，在工作中逐渐深入与科研机构的合作，针对各县域特色培育适合的品种。同时协助县域政府建立优质品种的管理、服务、保障机制，运用渠道优势帮助加快新品种的商业化进程。要强化品种审定、品种登记与新品种保护衔接，加强种子市场监管，规范市场秩序，通过一乡一品品牌运营体系的信息反馈机制，构建全国统一的品种DNA指纹图谱库，进行物源码身份识别，进行品牌溯源销售和管理。

四、更替措施

更替措施对于县域农业科学发展会起到重要的土壤保护作用。主要包括土地的轮作休耕和农产品品种的更换更新。2018年农业农村部确定将新增584万亩轮作休耕试点，全国轮作休耕面积将达到1200万亩，试点区域包括9省（区）192个县，这就意味着耕地轮作休耕全面启动了。农作物优良品种作为最基本的生产资料，在农作物生产诸多因素中具有不可替代的重要作用，是实现农业增产增效的必要保证。积极稳妥地推进农作物品种更新换代，充分发挥优良品种的增产潜力，需要加快农作物品种更新换代。

1. 根据需要进行品种更换更新

在农业生产中，推广应用良种是发展高产、优质、高效农业的重要措施。但一个良种在生产上种植若干年后，由于多种原因会发生混杂、退化，丧失其优良性状，不再体现良种给农业生产所带来的明显效应。或者由于农业生产条件及人民生活水平的不断提高，原推广的良种不能再满足其要求了。为此，在农业生产中常常需要不断地选育、繁殖出经审定通过的新品种、新组合，以取代生产上已不能适应或促进生产发展需要的原有推广的品种。对目前生产上正在推广、应用的性状基本符合要求的良种，为防止其混杂、退化，保持其优良种性，常可采用多种提纯、保纯的方法，生产出纯度高、品质好的原种或原种后代，或者用贮藏的原品种的种子，定期地替换生产上已混杂退化了的同一品种的种子，以延长良种的使用年限。在农业发展中，要根据需要适时的进行品种品种更换更新，以适应不断变化的市场需求。近年来水果行业如番茄、柚子、苹果、草莓、柑橘、荔枝、桃子、李子、西瓜、芒果等，都出现低价滞销的问题。即使是各种促销手段齐上阵，在日益频发的滞销面前，也只能是杯水车薪，显得十分的苍白无力。加上种植面积和产量逐渐攀升，滞销似乎成了我国农产品的新常态。对此，用新品种来摆脱滞销命运，不失为一种有益的尝试。一乡一品的品牌溯源管理，为农产品产业化发展提供了良种的保障和技术支撑，是推进现代农业发展的重要举措。

2. 轮作休耕辅助县域农业发展

轮作休耕制度是合理利用耕地资源，保障粮食安全的有力措施。尤其是在当前耕地面积减少，土地质量不断下降，农业污染较为严重的形势下，合理可行的轮作休耕制度具有重要作用。轮作休耕制度是拿出一定比例的土地不予耕种或者减少轮作系数，让土地休养生息，保持土壤质量，逐步恢复提高地力，以达到"藏粮于地"的目标。轮作休耕制度有利于改善耕地资源环境，促进耕地永续利用。轮作休耕制度的实施有利于采取深耕深松、保护性耕作、秸秆还田、增施有机肥、种植绿肥、水旱轮作等土壤改良方式，增加土壤有机质，提升土壤肥力。轮作休耕制度有利于我国粮食市场与国际市场接轨。县域农业不能再走拼资源、拼投入、拼消耗的老路，必须走出一条资源节约型、环境友好型的新路，轮作休耕制度是实现农业现代化、促进县域农业科学发展的重要辅助方法。

3. 探索创新轮作休耕的制度

县域农业开展轮作休耕不仅不会伤害粮食生产，相反还会巩固提升县域粮食产能。县域应当以轮作为主休耕为辅，轮作休耕也是栽培方式调整的机会，我们需要根据不同的地区情况探索轮作休耕的创新制度，这需要一个渐进过程，特别需要通过开展试点、结合精准扶持的办法来探索并创新。同时，休耕不要弃耕，更不能废耕，要确保急用时耕地能用得上，实现"藏粮于地，藏粮于技"。在休耕期间充分利用休耕时间开展辅助性的改良实施计划。要配合国家相关政策的实施，推出一批不同区域生产生态兼顾的耕作制度，形成一批可复制、可推广用地养地结合的技术模式。根据不同区域、不同作物的种植收益变化，科学地应用积分福利机制来"兜补"支持重点区域轮作休耕，加快形成轮作休耕监测评价机制，运用遥感等信息化手段，加强对轮作休耕区域的跟踪监测。

五、量化种植

党的十九大报告提出发展绿色农业，其要素之一是提高资源利用率。为适应县域农业供给侧结构性改革新形势，应注重发挥县域特色农作物资源和独特的自然地理条件优势，结合市场需求精准实施量化种植，从土地、地膜、水资源、化肥、农药、调整耕作方式以及雇用临时工人等方面进行县域农业的科学量化种植管理，达到节地、节种子、节地膜、节水、节肥、节药、提高产量以及节省人工的目的，提高资源利用率，实现以需定产的结构调整。

1. 科技成为量化种植的利器

我国县域发展现代农业，面临着资源紧缺与资源消耗过大的双重挑战。以信息传感设备、传感网、互联网和智能信息处理为核心的物联网和大数据，为农业生产过程中量化分析、智能决策、变量投入、定位操作的现代农业生产管理技术体系开辟新的思路和有利方法。以国家分享经济实施平台作为技术支撑的农创品牌运营项目一乡一品运营体系，将在农业领域得到广泛应用，由此将进一步促进信息技术与农业现代化的融合。在一乡一品体系中，系统可对农产品种植进行量化控制，实现县域乡镇农业生产的产前、产中、产后的过程监控，进而实现农业生产集约、量化、高产、优质、高效、生态、安全等可持续发展的目标。

2. 定制农业发展促进量化种植

量化种植在县域农业生产中，除了有节约资源的作用，其提高资源利用率，避免浪费的核心理念与县域定制农业的发展是相辅相成的。县域定制农业是依据市场需求来决定生产，以消费为核心的定制农业，拥有对传统县域农业产业链整体性、系统性、颠覆性的再造。其中量化种植的实施可以帮助县域定制农业提高效率，节约生产成本。县域定制农业由于提前拥有消费渠道的优势，会极大地促进量化种植的各项技术进步。

3. 一乡一品是量化种植安全模式

县域定制农业是运用"互联网+"，根据市场消费者需求来特定生产农产品品种、品质、数量的一种模式，其因地制宜进行品种定制、技术定制、订单生产、产量量化，大大减少了生产成本，同时避免了农产品滞销问题。县域定制农业的关键在于通过互联网打通销售渠道，并拥有量化种植的生产技术。一乡一品品牌运营体系在其中扮演了两个重要的角色，其一是量化种植生产技术的对接服务机构，其二是消费市场的渠道对接作用。采用"技术单位+一乡一品品牌运用体系+基地+农户+销售渠道+定向消费"模式，产前引导农民结构调整，产中指导农民量化种植，产后帮助农民线上线下销售，并对接专业机构开展有机产品、绿色食品和无公害产品认证，通过品种、种子、技术、产品、产量、模式的量身定制，实现了县域农业完整产业链的可持续发展。

六、创新发展模式

中共中央办公厅、国务院办公厅2017年9月印发了《关于创新体制机制推进农业绿色发展的意见》，提出加快体制机制创新，推进农业绿色发展，这是党中央出台的首个关于农业绿色发展的文件，意味着我国农业发展方式将迎来"绿色"变革。县域农业的科学发展不仅要注重生产端的升级，还应顺应时代发展进行模式创新。

1. 县域农村五大双创典型模式

近年来，农业农村部（原农业部）大力推进农村创业创新，通过抓政策、育主体、建机制、搭平台、搞服务，为农村双创创造了良好环境。大量的人才返乡、企业回乡和资金下乡，催生了一大批适用于农村的新技术新产业新业态，涌现出一大批农村双创的典型模式。一是特色产业拉动型模式，围绕特色产业，面向产前、产中、产后环节的生产与服务需求，开展创业创新活动。二是产业融合创新驱动型模式，围绕产业融合形成的新产业新业态新模式开展双创活动。三是返乡下乡能人带动型模式，返乡下乡人员通过创办、领办企业和合作社等农村新型经营主体，引领带动周边农村双创。四是创业创新园区（基地）集群型模式，以双创园区（基地）和农业企业为主的平台载体，提供见习等多种服务，推动产业集群的形成。五是龙头骨干企业带动型模式，依托企业优势，带动当地农村双创为企业配套服务，引领当地经济发展。通过成功模式和成熟经验的借鉴，实现典型引路、示范带动。

2. 县域农业品牌运营模式

县域农业品牌运营模式是以打造县域各乡镇特色品牌，提高农产品竞争力并对接消费市场的模式。其核心在于创新了"品牌运营商",通过建立第三方的农产品品牌塑造、管理、服务的运营机构来为县域乡镇提供专业的品牌运营服务,同时运用消费福利卡实现县域经济产业链的全面整合、互利共赢。其中一乡一品品牌运营商就是该运营体系里的重要执行机构,负责具体乡镇的品牌运营。同时,通过一乡一品品牌运营体系衍生、对接其他针对县域经济可持续发展的服务,比如农业技术对接、农民培训、技术改良等,为县域农业实现更多创新发展起到"催化剂"的作用和搭建了农产品产供销一体化的服务体系。

3. 县域农业应创新发展多种模式

创新乡村发展模式,不但能提高农业附加值、实现农民就业和自主创业,而且还能调整农村产业结构、转变农业发展方式、培育县域经济增长点。比如,可以拓展特色农业功能,发展"旅游+农业"模式。农业供给侧结构性改革要求拓展农业的多种功能,农业旅游是拓展农业功能的一种新型旅游模式。可发展"旅游+农业"模式,将农业文化创意作为乡村旅游发展的新动力,通过创意农业项目,打造适应个性化、体验性和内涵丰富的农业旅游产品,按照地域特色、产业特点发展集循环农业、创意农业、农作体验、文化企业、休闲旅游、田园景区于一体的特色休闲农业,形成休闲观光农业产业带、现代生态农业产业带和体验农业产业带,推动农业向三产化、旅游化方向发展。还可以发展体验消费模式,将农业生产、乡村生活、农耕文化体验相结合,集生态休闲和乡土文化旅游于一身,融入低碳环保、循环可持续的发展理念,涵盖现代化的农业生产等内容。还可以搞认养农业模式,让城市的消费者和农民直接取得联系,打通县域农业的整条产业链,由过去的"产带销"变成了"销带产"。还可以打造田园综合体模式、农业科技园区模式、一乡一品模式,等等。

七、调整产业结构

县域农业产业结构调整是发展现代农业,实现农业增效、农民增收、农村繁荣的中心任务。全国经济进入新常态后,县域经济面临转型升级、提质增效的新压力,更加注重经济发展质量和效益。县域农业产业结构调整既能妥善解决农产品供大于求的现状,又能解决农民收入增长较慢的这类问题,同时也是发展现代农业提高农业经济效益的必经之路。推进县域农业产业结构的战略性调整是县域农业和农村经济工作的重中之重。

1. 调整县域农业产业结构实现供需平衡

改革开放以来，我国形成了以市场经济为主导的经济发展模式，使各产业的综合生产能力大幅度提高。随着人们的消费观念和消费方式的变化，消费者对农产品的需求不再局限于解决温饱，而是增加了更多的选择，对质量要求提高，农产品市场从当初的卖方市场转变成了买方市场，导致有的农产品产能过剩滞销，而有的高品质农产品却供不应求。县域农业产业结构的不合理多是由发展的思路与市场环境的不匹配导致，从而引发了系列的症状，其关键问题在于是否能拉动消费，实现供需平衡。县域作为农业产业结构重要的基本单位，可以起到牵一发而动全身的效果，所以，有效解决县域产业链消费端的问题，大多数产业结构问题就会迎刃而解。

2. 打通销售渠道落实县域农业产业结构调整

农业产业结构调整的难点在于调动农民的积极性，而调动农民积极性的关键在于解决农民调整产业结构的后顾之忧，即农产品"销售"问题。因此，要破解农业产业结构调整的难点，关键是要做好农产品销售。如果销售不出去，内部又消化不了，就会严重挫伤农民调整产业结构的积极性。目前，打通消费端的方法有很多，但大多是从县域产业链的生产端向消费端着手，解决的是如何提升自身的竞争能力，而非做大市场蛋糕，这样的思路就难免会将农产品拖入红海价格竞争战中。我们要清楚，增加农产品品质，降低销售价格来提升竞争力是一个恶性循环的怪圈，产品的品质与成本成正比，没有利润的产品不能支撑起正常的经营，除了造假别无他法。没有对症下药，是目前市场陷入怪圈的根本原因。在农业结构调整中，无论是产业调整还是产品调整，都是由市场销售带动的。一是销售带动产业调整。不同时期的市场行情是不一样的，在市场经济条件下，市场行情好的产业会吸引更多的资源投入，市场行情不好的产业，资源就会自动退业，这是市场规律作用的结果，是市场效应从客观上推动了产业结构的调整。二是销售引导产品结构调整。不同质量的产品，销售情况也不同，优质优价，市场肯定广阔，劣质产品则没有市场，也就没有效益。这样，产品的销售自然就引导资源从劣质产品中退出转向投入优质产品的生产，也推动了产业结构的优化。同时，要想做大市场蛋糕，还要解决消费者的收益问题和生存、养老、医疗等后顾之忧，满足消费的刚需，从而激发消费潜力，整合消费资源，这样才能帮助县域农业打通销售渠道。

3. 县域农业产业结构调整需打造品牌

农业产业化品牌经营是创新发展模式，加快传统农业向现代农业转变的重要手段，是拓展农产品市场，促进农产品消费，实现农业增效农民增收的重要举措。根据市场对农产品需求结构的变化改变县域农业的生产结构，为了培育市场良性循环，提升农产品的品质和消费辨识度，需要打造县域的乡镇品牌，形成消费市场与生存环境的调控抓手，有了销售渠道与调控的抓手机构，再加上落实好县域农业科学发展的政策和方向，使农业生产和市场需求相协调，以消费端引导生产端，就可逐渐实现县域产业链自身的"消肿"，同时也能增强执行力与反馈能力，执行好国家乡村振兴战略的统一部署。所以，一乡一品品牌运营商的首要任务就是通过塑造当地特色品牌，提高农产品辨识度、竞争力，同时通过免费给消费者和农民发放消费福利卡，为整个县域产业链建立各项福利保障机制，满足消费的生存、养老、医疗刚需，为品牌农产品打通销售渠道，从而实现县域农业产业的结构调整，升级县域农业的发展方式。

参考文献：

1. 张明宇. 中农办主任韩俊解读中央一号文件：创造条件让农村更有人气[OL]. 新华网，[2018-02-26]. http://www.xinhuanet.com/politics/2018-02/26/c_1122454672.htm.

2. 农业农村部. 农业部关于大力实施乡村振兴战略加快推进农业转型升级的意见[OL]. 农业农村部官网，[2018-02-13]. http://www.moa.gov.cn/xw/zwdt/201802/t20180213_6137182.htm.

3. 青平. 农业"走出去"关键要走稳[OL]. 广西新闻网，[2018-06-13]. http://www.gxnews.com.cn/staticpages/20180613/newgx5b205393-17388789.shtml.

4. 农业农村部. 农业部关于加快新一轮农作物品种更新换代工作的通知[OL]. 农业农村部官网，[2017-05-20]. http://www.moa.gov.cn/nybgb/2017/dwq/201712/t20171230_6133478.htm.

5. 本报评论员. 农业转型品种先行[N]. 农民日报，2018-6-5.

6. 王志强，黄国勤，赵其国. 新常态下我国轮作休耕的内涵、意义及实施要点简析[N]. 土壤，2017-9-13.

7. 佚名. 轮作休耕制度什么意思？轮作休耕的好处、技术模式[OL]. 贤集网，[2018-02-25]. https://www.xianjichina.com/news/details_63835.html.

8. 张仁军. "定制农业"效益好[OL]. 中国农业新闻网，[2018-01-23]. http://www.farmer.com.cn/xwpd/.../cjxw/201801/t20180123_1352213.htm.

9. 佚名. 八大农业创新模式全面解读[OL]. 凤凰网，[2018-06-01]. http://wemedia.ifeng.com/63125491/wemedia.shtml.

10. 漆长军. 浅谈农业产业结构调整的难点与对策[J]. 湖湘三农论坛，2008.

何开秀点题：
怎样塑造乡镇品牌

品牌塑造是一个系统性的工程，不是给产品起个名字就叫品牌，我们塑造地方产品的品牌必须要挖掘产品的内涵，最基本的也要做到把产品的故事给讲完整了。很多商品消费的不仅仅是产品，还有它的故事，故事是产品价值传递的表现形式。挖掘产品内涵是品牌塑造的重点。产品的产地属性、水土属性、营养属性、功能属性、品种特性，选择产品的要点、服务要点、储存要点、运输要点、包装要点、时间要点、销售模式的要点，都是品牌塑造的内涵。

我讲一个真实的故事，也许对大家的品牌塑造有一定的帮助。在一个偏远的小镇上有一个农村老太太，她每周都会在乡镇的集市上出现，专门销售本地的季节水果。她销售的水果品质非常好，价格也比别人的高出一倍多，从来不讲价，而且集市上每次都是她最先销售完，很多人都想找到她的产品来路，可是找完了周边所有的乡镇都没有找到这么好品质的水果，很是让人纳闷。她的产品到底是从哪里来的已经成为当地商人关注的焦点。一次偶然的机会我购买到了她销售的水果，卖相的确非常好，大小基本一致，非常甜且水分足。我非常好奇地向她了解水果是哪里产的，她说是本地产品，更多的话就不说了。我因为好奇就去到老人的乡村，经过详细了解才弄清，原来老人销售的水果就是本地的产品，只是经过了她非常苛刻的挑选。她选择果子有几个条件：第一是果树的品种选择，第二是果树阴阳面果子的选择，第三是果子大小的选择，第四是果子成长时间长短的选择，第五是果子成熟程度的选择。每年一到关键季节她就会来关心她看中的果树的情况，有时候会自己照顾她选择出来的果树，遇到灾害年她都会自己想办法为果树提供特殊服务，她销售的水果个个都是非常好，所以每次她一出来卖水果，很快就被抢购一空。因为无法保证数量，所以她从不预定，有多少就卖多少，她的水果没有名字，老太太的名字就成了水果品牌的名字。

关于农产品的品质与营养特征升级，随着社会的进步和经济发展，健康已经成为人们关注的重点，人们对农产品、特别是食品的需求已不只停留在温饱和安全的阶段，而是融功能化、营养化、健康化为一体，这将是现代农业科学发展的核心。现代农业已经可以按照人们健康需求来种植和养殖农产品，把过去依靠药补的保健方式演变成通过改变农产品营养结构的饮食习惯来实现，这就为农业的科学发展开辟了广阔的升级空间。因此，我国农业将进入新的发展时期，从高产农业、绿色农业进入到功能农业。不过，农产品的品质与营养升级必须是建立在可信的品牌品质上才能获得市场和消费者的认可，这就对品牌品质的管理，品牌溯源以及品牌品质跟踪提出了更高的要求。

关于品牌溯源管理、品牌质量跟踪，这个问题已经有非常多的机构在跟踪，我了解了一些相关溯源平台的理念，其想法是很好的，系统研发也投入不少钱，然而在应用推广上和后续溯源监督上没有太大突破，不方便长期的、持续的服务和监督，所以导致溯源效果不佳，有的基本上形同虚设。建议通过使用互生大数据的物源码来完成品牌产品的溯源管理，用品牌运营体系来为地方品牌产品的渠道把关，用二级监督与利益捆绑来保证品牌品质和防止假冒伪劣的泛滥，保护品牌企业。

物源码是互生大数据平台专门为企业的产品溯源提供的一项技术，它实现了全球企业身份数字认证的唯一性、品牌产品溯源的唯一性、物源码连接消费结算的唯一性，产品标贴物源码，消费者可以通过扫描物源码就能直接消费，实现由产品品质说话的销售，企业的好产品无论走到哪里，广告宣传和销售渠道就连到哪里，不用担心会被假冒，彻底消除了品牌假冒问题。

关于品牌产品奖励引导、品牌产品市场入口把关、品牌产品品质责任挂钩、品牌产品品质责任追究的解决办法，则是通过农创品牌运营股份有限公司的一乡一品品牌运营服务体系来完成监督管理工作的。

农创品牌运营股份有限公司创立的这套品牌运营服务体系，是专门针对乡镇农产品的品牌塑造而打造的服务链，品牌产品奖励引导是促进农民种田实行品质管理的奖励机制，品牌产品市场入口把关是通过乡镇品牌运营商，来把关地方品牌产品进入一乡一品销售渠道的审核和代言，并实行品牌产品品质责任挂钩和品牌产品品质责任追究的责任制，来完成品牌产品市场入口的把控。通过利益共享、责任共担的市场运营模式，来建立品牌品质管理服务体系，为地方产品的品牌塑造保驾护航。全国近4万个乡镇品牌运营商构筑的服务体系网将为家乡代言，为家乡推广好产品，讲家乡的故事，销售家乡的产品，服务家乡的品牌企业，为家乡产品把关。

第四解
怎样塑造乡镇品牌

每个县域乡镇的产品品牌都是乡镇的重要标识和特征，往往可以在文化和经济领域起到很大的影响和带动作用。因此，对于乡镇产品品牌的塑造、建设和实施都有较为特殊的含义。对于县域乡镇产品而言，要想打造良好的品牌形象，成为一种具有深远意义的地区代名词，需要长期的开发和创造。随着时代的进步，广大消费者很难单纯从外观上看出产品的品质方面的不同，要想进一步打造、提升地方特产的品牌效应就要从塑造独特的品牌形象入手。独具辨识性的产品品牌也就成了众多消费者辨别产品质量和市场影响力的途径之一。

一、产品内涵挖掘

1. 产品内涵的挖掘

任何产品在实际的买卖过程中，都会从产品本身及所提供的服务入手，考虑如何提升产品的附加值，或者更大化挖掘盈利的空间。有的可能从最开始的产品本身的特点出发，做到外观新颖、区分度高，以此来获得外在视觉形象价值；有的可能关注服务各环节的细致化，提供贴心化服务；有的通过不同的文化覆盖，来提升产品的各种卖点，来获取最大价值，等等。而这些从服务、文化等方面来围绕产品产生的新卖点，我们称之为附加值。可以说附加值就是在产品原有价值的基础上，通过生产过程中有效劳动创造出新的价值。如，同一款产品在A、B两家不同的商家销售过程中，A商家通过产品的本身的买卖来体现产品的价值。B商家通过产品本身的包装和产品的信息的体现来凸显产品的价值。很明显消费者会选择后者，这就是产品的附加值。

2. 内涵应具独特性

很多县域政府和企业都在为产品品牌塑造而努力，但往往并没有达到理想的效果，其原因一是品牌种类繁多，缺乏统一管理，相同类型的产品拥有数十种甚至上百种的品牌名称，这些产品虽在名称和包装上各有不同，但其在实质上却是相同的，只是制作工艺和产品质量有所差异。表面上看似乎为消费者提供了更多的选择，但实际上质量的层次不一，甚至出现假冒伪劣，对地域品牌的独特性有很大程度的负面影响。二是地方开发过渡，地方特色的品牌产品的产地成为消费者关注的重点，所以一些特产品牌逐渐也成了一块"公地"，一家地方特色的品牌产品企业成立了，那么不久以后就会产生第二家、第三家类似的企业，改个名字，换套技术，就成为了一个新的招牌产业，导致的结果是虽然产品的数量增加了，但品质却下降了，影响了特产品牌的商业价值和品牌形象。三是防伪措施不足，真假难辨，使真正的高质量特产品牌失去市场竞争力，同时也令消费者对正宗的特产品牌产品的购买欲望大大降低。

3. 加强县域特色性

一些品质好名气大的产品，之所以可以成为地方特色的品牌产品，主要在其独特的地理位置和生长环境。一个县域特产品牌代表的是这个地区的形象和良好的产品生产能力。着力发展县域特产的地域特色属性，实施就地营销的销售模式，能够对县域特产品牌的塑造具有重要的推动作用。良好的县域品牌只有突出地域特色和信誉，才能在广大的消费者心中树立信誉，使得消费者趋之若鹜，让品牌长久经营，塑造出能传播地方特色的品牌，表现当地文化特色，弘扬地方精神风貌。县域特产品牌的塑造与建设，需要国家、企业和行业相关的主管部门共同努力，多方联合，对现有资源进行重新的合理整合，实现共同建设、共同分享、共同进步的品牌发展目的和发展模式。具体来说，就是县域政府主要职责是加强对当地产品监督管制，发挥这只"看不见的手"的干预作用，塑造出有利于品牌发展的良好的行业环境；对于企业来说，则需要增强诚信意识，诚信经营，致力于用过硬的质量来创造品牌的市场竞争力，树立企业品牌形象，对现有品牌进行规划，努力做到以维护区域形象为己任；行业相关主管部门则是要抬高品牌产品行业的入门标准，同时加大监督和整治力度，从根本上遏制冒牌伪劣品牌，保护好县域特色的品牌产品的发展。

二、品质与营养特征升级

品质革命、工匠精神、新国货、中国制造，这一系列词汇正自上而下地成为热点，实质上这一系列词汇的内涵都是相似的，所指向的即中国制造需要跨越"廉价质差"的阶段，向"质优价实"进阶。一种潮流、一种概念的提出，并非凭空而起、生搬硬造，而是必须具有市场的基础，否则很快将成过眼云烟。而市场的基础主要由企业和消费者组成，但市场的良性发展，需要政府政策引导与监管的"保驾护航"。品质升级如果要真正成为一场革命，需要多方参与。

1. 消费需求推动品质升级

首先需要弄清楚，品质升级成为潮流的推动力是消费者的需求推动。海外游疯狂扫货，买名牌包、化妆品、电饭煲，乃至马桶盖；海淘兴旺发达，低端产品严重供过于求，行业价格战等都是消费升级的具体表现。这种疯狂扫货，土豪多金的现象背后，实际上是中国中产阶级的壮大及随之而来的对品质消费需求的提升。这是物质初步满足之后必然会出现的消费观，从"不求最好，只求便宜"到"不求最好，只求最贵"，再到"求最好，不求便宜"，不单纯是为显摆与众不同的档次，而是对品质、品牌的信任，对消费体验度的追求。中国中产消费者对性能偏好度越来越强，更为讲究品位与审美，也更为精明和理性，这也是现在社群经济、定制消费等商业模式产生的基础，同时也是"大路货"消亡的开始。

2. 综合因素促进品质升级

在消费升级需求的推动下，制造业转型不可避免，新国货概念的提出亦是时代所需，而品质升级的发生，则必是综合因素的作用。在品质升级的不断推动下，"中国品质"也正在崛起，在产品过剩、利润微薄的市场状况下，想要消费者买单，只能相应进行品质升级，企业不再只是追求销售规模，利用价格战抢占市场，因为价格战的背后必然是对生产制造成本的压缩，难以产生更高的品质。另外，环境成本、人力成本、违法成本的提升，也迫使企业必须进行品质升级，只有品质升级才能保证合理的利润空间，否则只有死路一条。技术创新、柔性生产，以及工匠精神，才是通往未来之路。与此同时，县域政府的"放、管、服"则是品质升级得以开展的有力保证。放，即让市场来评价产品品质，让消费者可以自由地选择购买；管，则是提升产品标准，加大违法惩戒，让底线提升，不给假冒伪劣留机会；服，是扶持和引导科技创新，树立地区及国家质量名片。除了政府、企业、消费者等各方力量，第三方力量如专业权威的监测机构、开展商品服务比较试验的消费者组织、科研机构以及媒体等对中国制造转型升级的意义也尤为重要。

3. 营养特征下的消费变革

消费者对品质的选择决定了企业对质量的追求，消费需求的升级将倒逼"品质升级"，进而带动以消费行为升级的消费变革，形成以消费需求为核心的营养特征升级。对于食品消费市场的分析认为，我国食品消费结构升级明显，全国重点大型零售企业和食品消费也呈现出同样的趋势。一是对方便、快捷食品消费的重要宿求，且要求越来越高，例如在外吃饭的频率加大，对便捷化食品、小包装食品的需求增加。二是"场景化+社交化+时尚化"消费兴起，创造了新的消费场景和体验，有更好的性价比，可以即买即食，是家庭社交的场合，提供快捷的到家服务，这些都正好迎合了年轻消费群体的消费需求。三是食品消费正迈向"零食化""娱乐化"，在碎片化时间购买体验非正餐的零食趋势愈加明显。四是健康食品成首选，消费者愿意为健康产品买单，健康类型的食品消费成为拉动行业增长的重要因素。五是品质消费成为食品消费升级的重要方向，越来越多的人愿意为了高品质的健康食品支付额外的价格。六是年轻消费群体注重消费体验，新颖美食被广泛接受。七是圈层消费模式下，食品消费层次更加分明。八是信息技术保障食品消费市场安全、健康、稳定运行。例如运用信息技术通过对供应链上各种食品信息分类、采集、分享，最终实现生产、加工、物流、零售整个供应链的全过程追溯，保证了消费者食品安全基本需求、降低食源性疾病风险，这是新时代营养特征下的消费重大变革。

三、产品品牌塑造

县域产品想要品牌独树一帜，就要为品牌制造出一种区别于同类产品的光环，形成一种良好的品牌形象。作为一种产品的象征，品牌塑造离不开产品与企业的长久维护和精心发展。市面上产品品牌种类繁多，想要突出产品的独特性和需求性，就一定要加大品牌塑造的力度，对其进行准确的定位和倾注心血的独特设计，才能吸引广大消费者的目光。同时还要大力整合，加强媒体对该品牌的传播和推广。

1. 树立正确的品牌观念

市场竞争越来越激烈，品牌作为产品的重要附加值，不但能提高产品形象和知名度，还能提升产品溢价，增强其市场竞争力。当前很多县域的乡镇虽然也在强调品牌，但是却没有一套完整的品牌策略，更不清楚如何把品牌理念与产品更好地结合起来，甚至认为，面对竞争只要产品卖好了，品牌自然而然就建立起来了。事实证明，这些都是品牌观念短视的表现。要打造好品牌，一开始就要树立牢固的品牌观念，不但要重视品牌，始终抓住"品牌"这个市场牛鼻子，而且要根据本地实际建立一套完整的、科学的品牌策略，并且把品牌理念与产品充分融为一体，向品牌要效益、向品牌要市场，树立正确品牌观念，公共品牌打造才能不偏轨，才能顺利推进。

2. 塑造独特的县域品牌

县域品牌特产是具有独特品质、花样或味道，能体现出县域特色的物质，如长白山的人参、南京的酱板鸭、苏州阳澄湖的大闸蟹等，这些同时也称之为地方特产。当地方特产成为一种资产时，就可以为当地创造高额的经济效益，并对促进发展和传播弘扬一方文化有不可忽视的作用。县域品牌塑造要具有独特的含义：一是县域特色的品牌产品在很大层面上，有着浓烈的民族特色和人文气息，主要表现为构思造型、产品包装和产品品牌建设。县域特色的品牌产品形象塑造作为一种提高经济增长，代表县域形象的重要文化现象，只有把地方文化塑造好，才能更加持久地振兴民族产业，宣扬民族地方特色。二是县域产品品牌是辨识产品的重要标志，消费者从中能够获取产品信息，有助于了解该产品的质量，高效地辨识商品，提供稳定的消费群体，从而在各类商品冲击下取胜。县域品牌产品一般都具有深远的历史意义，将其规范化、品牌化可以吸引更多的消费者购买。三是能促进县域相关产业发展，形成强大的经济动力。很多人对县域地方特色的品牌产品感兴趣也连带对当地游玩感兴趣，从而带动旅游经济的繁荣。

3. 品牌打造要善于合作

品牌由于具有地域的独特性，要形成广泛的、持续的品牌效应，还要善于广泛的合作。品牌在打造的过程中，县域政府、协会、企业必须要分工明确，各负其责地做好自己的事情，并且彼此要保持顺畅的合作，互通有无。只有上下一心，齐力合作，才能达到品牌塑造的意义。在品牌营销上要全员营销，企业之间不再为了一时之利、一己之利而相互拆台，相互大打价格战，从政府到协会、从协会到企业，甚至从企业到个人，大家要统一口径，同发一种声音，只有建立全员营销，原来分散的力量才能更好地形成合力，才能用"拳头"去对抗激烈的竞争，品牌才能更快、更好地建立起来。另外，广泛合作还要积极整合多方的资源，无论横向竖向，还是内在或外来，只要是对品牌打造有利，都要广泛合作，勇敢拿来为我所用。资源是公用品牌打造中重要的因素，谁能展开广泛的合作，抓牢更多、更好的资源，就能在品牌打造中抢占先机。

4. 打通渠道助力品牌塑造

从目前县域乡镇产品流通渠道的结构来看，大部分产品是通过批发市场流通的，是小农户小规模产品经由批发市场集中后，再经小规模零售商贩分散售给消费者。在这种流通模式下，农产品品牌价值很难得到认可，这时候就需要专业的产销渠道及机构介入，通过实施一乡一品品牌运营商项目，打造农产品的产销对接平台。一乡一品项目要在全国乡镇选拔约4万家一乡一品运营商，建设4万家农产品产销对接服务站，在联动全国各地农产品产销对接，建设农产品产销对接新平台，这就为全国各地的小农户提供了与大型渠道商对接的资本，建立了稳定的销路，同时，通过销售渠道的打通创建自己的农产品品牌，让品牌建设进入良性循环。所以说，通过渠道的选择开展农产品产销对接是促进产品供需平衡、优化农业生产结构、增加农民群体收入、保障居民消费需求的重要途径。

四、品牌溯源管理

产品质量安全问题是一个曝光率居高不下的民生问题，给消费者的身心健康带来了严重危害。因此，加强县域农业科技创新，保障食品安全，强化农产品质量安全综合治理，建立监管的长效机制显得尤为重要。可追溯性是风险管理的新理念，是指一旦发现危害人类健康的安全问题时，可按照从原料上市至成品最终消费过程中各个环节所必须记载的信息，追踪流向，召回问题产品，切断源头，消除危害。农产品追溯，是农产品生产、加工、贸易各个阶段信息流的连续性保障体系，当最终产品出现违反准则的情况时，利用完善的产品追溯体系，能方便、快捷地对违规事项的原因进行查找、分析、辨别风险度，提高农产品的质量安全。

1. 国家重视追溯体系建设

我国自2010年开始启动食品安全流通追溯体系建设。2012年6月，国务院印发了《国务院关于加强食品安全工作的决定》对溯源体系的关注从政策上提出了具体要求；国家食品药品监督管理总局2017年4月公布了《关于食品生产经营企业建立食品安全追溯体系的若干规定》，从法规上明确了食品企业对于食品安全的法律责任，通过大力推动食品生产经营企业建立食品安全追溯体系，逐步实现"从原材料到终端消费"全过程追溯，落实企业安全主体责任，提升食品安全整体水平，保障我国食品行业规范、持续、健康发展。《国务院办公厅关于加快推进重要产品追溯体系建设的意见》等文件要求，要注重产品追溯实效，力争到2020年，建成覆盖全国、统一开放、先进适用、协同运作的重要产品信息追溯体系。

2. 品牌溯源管理势在必行

《中华人民共和国食品安全法》《关于统筹推进新一轮菜篮子工程建设的意见》《中华人民共和国农产品质量安全法》等法规是农产品质量安全监管的保证。健全农产品安全溯源对农产品进行跟踪与溯源，使产品符合市场标准，促使农产品质量提高，对于提高农产品市场的竞争力等方面很重要。一是有助于政府有效开展相关工作以及制定相关政策，建立健全农产品安全溯源系统，政府可通过掌握农产品备案信息及时了解市面在售农产品相关情况，为日常巡查监管和处置突发农产品安全事件提供及时、重要的信息，提高监控农产品市场的能力，杜绝有问题的食品进入流通和消费环节。二是有助于提高企业的安全生产水平，建立健全农产品安全溯源系统，农产品销售企业按时提供在售农产品备案信息，增强企业提高农产品安全工作的意识，生产优质产品。三是控制农产品质量安全，可追溯系统强调产品的唯一标识和全过程追踪，对实施可追溯系统的产品，在其各个生产环节进行跟踪与追溯。四是有利于提高人们的农产品安全意识，增强公众自我保护意识和能力。五是有助于推动农产品向国际化的标准发展。

3. 产品追溯实践遇到瓶颈

一是全国性统一的信息平台商缺乏，追溯系统之间未能实现信息共享，不同的追溯查询系统只是在一定区域实现了农产品的追溯管理。各系统之间互不兼容的现象大量存在，这给消费者、政府部门的需求带来巨大不便。追溯查询系统呈现出碎片化状态，不能实现信息共享。务必要建立全国统一的信息平台和数据分中心。二是信息查询和技术服务缺乏，追溯体系可持续发展受社会参与度低的制约，诸如记录信息缺乏真实性和有效性，无法作为地方监管部门跟踪执法的依据，加入追溯系统的企业或合作方的负担增加，且回报不理想，甚至还要承担追究责任的风险，消费者也缺乏对追溯产品的了解等，造成追溯系统采集的信息未能满足相关利益者的要求，相关利益主体缺乏参与农产品质量安全追溯的意愿，进而导致推广应用追溯系统比较艰难。三是追溯软硬件配置缺乏，市场难以消化实施主体建设运行成本。在目前农产品质量安全市场机制尚未健全的情况下，完全由企业独自投入并维护运行追溯系统不现实。企业实施自愿可追溯体系的主要驱动力是更高的机会主义行为、产品不确定性、难以识别食品属性、更高几率的道德风险以及增加的监测成本。而生产者的收益主要是更加有效的召回制度、减少被起诉的风险、增强供应链管理、可能的额外价格提高疾病控制能力、对贸易的正效应、增加透明度和更容易获得产品许可证等。

4. 实行一乡一品溯源管理

企业在应用质量追溯系统时，为了真正达到真实权威可靠、防伪防窜货可追溯、提升品牌价值的效果，比较好的选择是权威第三方服务商。农创一乡一品品牌运营商项目的落地实施，推出拥有自主知识产权的防伪溯源管理系统平台，在全国范围内实施防伪溯源管理系统，为国家的溯源体系建设提供大数据的采集。随着农创一乡一品品牌运营商的落地运营，通过农创共享经济实施平台的技术支持，在未来300多个地级市和约4万个乡镇启动溯源认证的建设并规范追溯体系认证的相关资质。在农创一乡一品品牌运营商项目的实施过程中，为了防止在产品流通实现过程中混淆和误用产品，更好地分析失效产品并采取纠正措施，对品牌产品实行追溯管理，确保产品能追溯至其原始状态。以全国范围建立的大数据体系，来满足消费者对产品从原材料到成品的整个质量追溯认知需求（产品防伪、保真、价格、渠道），满足流通渠道对产品流通标准执行的认证要求（生产标准、行业标准、团体标准），满足企业对产品流向的数据集成、消费行为分析、区域市场监控、售后服务需求，满足企业整合战略、市场开拓、营销推广、品牌扩张大数据采集的需求。

五、品牌质量跟踪

县域采用的质量管理方法是质量跟踪又称产品跟踪，它在市场调查、售后服务、质量改进、新产品研制开发及产品寿命周期质量监控等方面发挥着重要作用。质量跟踪方法是随着生产的发展及质量管理的不断提高而逐渐形成和发展起来的。质量技术监督的目的是为企业与消费者提供服务，通过对质量、计量、标准化等监督管理，达到促进经济发展和服务民生的目的。质量技术监督与产品质量相关，而计量又是产品质量的保障、标准是产品质量的依托。

1. 质量技术监督与企业自律

县域企业要从产品交付使用开始，就面向用户和市场，全面、系统地收集和整理产品质量的信息，分析、评价产品质量水平和存在问题，并及时反馈，不断采取改进措施，努力提高产品质量。对于县域企业来说，要维系生存和发展，离不开企业自律，离开企业自律就不可能有好的产品质量，企业自律是企业发展的基本要素。企业自律的途径多种多样，诸如加强企业质量体系建设，提高员工职业道德、提升产品质量意识等，都能够有效地提高产品质量。企业在生产过程中，在国家相关质量体系与标准下，提供技术指导，将质量技术监督的前期服务做好、做实，对企业资质及人员上岗资格进行有效把关，对技术进行精心指导。对于已经成为品牌的产品，产品质量监督还应通过宣传与打假治劣，给予市场保护，这样才能全面提高产品质量。因此，质量技术监督是服务在先，监督在旁，保护在后。企业自律意识薄弱，需要通过加强县域政府监管的方式予以提升，离开县域政府的宏观经济调控，仅靠企业自律来增强品牌竞争力，可能会导致风险和隐患，因此，质量技术监督与企业自律要密切合作，共同努力，做到"你中有我，我中有你"，更好地提高产品质量，促进消费安全。

2. 正视农产品质量监管问题

县域乡村农产品生产经营分散，组织化程度低，这给直接面对广大生产经营者的监管实际工作带来"四大难点"。一是培训宣传贯彻难，农产品质量安全法律宣贯和技术指导工作对象涵盖量大、面广、参差不齐的生产经营主体，任务繁重。二是标准推行难，当前农产品生产组织化、规范化程度偏低，分散生产经营不利于统一品种规格和推行标准化技术管理，标准实施推进慢。三是准出准入落实难，从探索农产品准出准入的县域操作实践来看，一家一户分散种植的模式不便于准入准出制度的落实，尤其对规模小的散户难以落实到位。四是执法处理难，如一车蔬菜可能由多家农户生产，如果抽检到不合格产品，由于无法溯源，需要对整车蔬菜进行无害化处理，运营者容易采取暴力抗法的极端行为，而面对的违法农民，属劣势群体，处罚难以进行。此外，农产品质量安全监管工作是一项系统工程，执法人员的政策法规水平、执法监测人员素质的高低，都关系到监管的质量及成效。

3. 开展农产品质量安全监管

农产品质量安全是重大的民生问题，关系人民群众身体健康和生命安全，关系社会和谐稳定。国家对农产品质量安全问题高度重视，出台了《农产品质量安全法》，制订了一系列相关规章制度，不断强化监管措施，连续多年开展农产品质量安全专项整治行动。但是，必须清醒地看到，县域农产品质量安全的基础依然比较薄弱，县域农产品生产小、散、乱的状况没有得到根本改变，形形色色的农产品质量问题时有发生，影响农产品质量安全的深层次矛盾尚未根本解决，农产品质量安全监管的长效机制还没有建立起来，消费者对此还不满意。为此，一是要以属地管理和企业自律相结合，推动各方责任落实到位，强化生产经营主体第一责任，监管部门要对各类主体采取管理措施。二是要引导和监管相结合，推进无公害农产品、绿色食品、有机农产品和农产品地理标志"三品一标"落实。三是要开展产品监测及执法监管，强化农业投入品的监督力度，从源头保障农产品质量安全水平。四是要以体系建设和制度创新相结合，推动监管能力全面提升，站在宏观、系统、科学及长远的角度，重点创新企业、产品分类管理，生产许可目录动态调整机制，企业不安全产品强制报告制度，产品安全消费预警制度，产品质量安全问题约谈制度，监督抽查产品质量分析报告制度，第三方监管制度等。

4. 探索农产品质量监管新路径

强化县域农产品质量安全监管，对于切实保障农产品质量安全、加快转变农业发展方式、全面建成小康社会具有重大现实和战略意义，必须从源头、从基层抓起，还要不断总结经验，积极探索农产品质量安全监管的新路径。一是完善监管体制机制，充分发挥地方政府的首创精神，围绕监管中存在的监管力量弱、依法监管执行难、部门协调配合不紧密等难点，有针对性地提出行之有效的新举措、新方法。通过示范创建活动交流、督导检查、动态管理和结果通报等形式，总结和推广农产品监管工作中好经验、好模式、示范带动全国农产品质量安全监管整体能力和水平提升。二是突出重点，确保监管防线筑牢筑实。农产品质量安全监管对象广、环节多、隐患复杂，结合县域监管实际条件，从重点产品、重点环节入手，将基层监管防线筑牢筑实。在重点产品上，需结合县域生产实际突出主导产品监管，制定推广主导产品生产操作规程，通过短信、网络平台等方式，加强对主导产品生产指导，提高主导产品"三品一标"认证登记占有比例。在重点监管环节上需抓准产前、产中、产后监控重点。三是多方参与，推动完善社会共管共治。鉴于县域农产品质量安全监管工作基础条件的限制，要充分调动各方力量，推进形成政府监管责任和企业主体责任共同落实，行业自律和社会他律共同生效，市场机制和利益导向共同激活的社会共管氛围。四是强化保障，确保基层监管有力有效。

六、品牌产品奖励引导

在县域经济发展中，由于存在品牌培育工作起步晚、规模小、政策体系不健全、专业人才缺乏，品牌创立、保护和推广意识不强等现实问题，所以品牌产品对县域经济发展的拉动作用还不十分明显，要制定相应的奖励及服务政策，针对品牌数量、品牌布局、品牌培育等方面，给县域品牌发展创造良好的环境。

1. 扩大创牌企业奖励范围

一个地区拥有的品牌数量，与市场竞争力强弱成正比。品牌是知识产权、公共信任、市场效益、科技实力的综合体，是区域经济实力和产品市场竞争力的重要标志。要优化产业结构，全面推进品牌战略的实施，全方位落实对农业等各个领域企业的品牌创建奖励政策，加快梳理扶持措施，对各产业、行业做到一视同仁，平等对待。根据各县域内企业发展情况，因地制宜制定对县域各企业的奖励措施，对其他各产业的创牌企业实行统一的奖励制度。对重点培育的有创牌潜力的企业，在要素保障、技术改造、技术引进、科研立项、资金扶持等方面给予充分支持。

2. 勠力同心挖掘创牌潜力

加快县域品牌培育对于引导县域市场主体走以质取胜、自主创新的品牌发展之路，充分发挥品牌促进经济发展方式转变和产业优化升级具有十分重要的作用。要统筹建立质量工作小组，建立品牌建设工作的协调机制，县级各部门加强规划指导，各乡镇政府切实把商标品牌战略纳入重要议事日程，根据当地产业发展布局和重点，科学制订具体实施方案，深入挖掘优势企业潜力，加强支持引导，夯实企业创牌产品质量基础，为企业创牌提供有力保障。引导企业狠抓产品质量、调整产品结构、推动技术创新。同时，在企业创牌整个申报过程中实行"零距离服务"，全力以赴帮扶企业做好品牌争创工作，从质量、计量、标准化管理入手，主动上门帮助企业夯实管理基础，提高产品质量水平，优先办理各项业务，提供包括计量器具检测、产品质量检验、代码证年检、标准备案、许可证申办、产品认证、维权打假等"一站式"服务，提高企业创牌成功率。为企业申报名牌铺路搭桥，夯实技术基础。

3. 加大创牌宣传引导力度

县域政府要充分发挥广播、电视、报纸、网络等各类新闻媒体作用，大力宣传实施品牌战略对于提高企业和县域核心竞争力的重要意义，利用"3·15"消费者权益保护日、质量月等活动曝光典型违法案例，加大打假力度，净化市场经济秩序。与公安、工商、农业等部门密切配合，坚持不懈地开展质量专项整治，严厉查处假冒伪劣产品，特别是把仿冒名优产品等行为作为执法打假工作的重点，对假冒名牌厂家厂名厂址的违法案件，发现一起查处一起，严厉打击，决不手软，净化市场环境，为县域的品牌产品创造良好的外部环境和条件，形成政府重视品牌、企业追究品牌、社会崇尚品牌、人人关心品牌的良好社会氛围。

七、品牌产品市场入口把关

质量是企业发展的生命线。对于企业而言，严谨的态度和务实的精神是企业实现长远发展的有力保障。县域农产品质量安全是关系国计民生的大事，攸关国家政治、经济、文化的发展和社会的稳定。抓好质量是对自己负责，对企业负责，对社会负责。要牢固树立"生产者是产品质量控制的第一人"意识，恪守"质量第一、产品即人品"的原则和底线，尽心尽力把好产品质量关，力争不让一个不合格产品流向市场。

1. 农产品质量安全不容忽视

引起广大消费者的巨大恐慌的"地沟油""瘦肉精""假种子""假农药"等农产品质量安全事件，反映了农产品的质量安全存在着严重的问题。因此，为了促进农产品市场的正常运行，提高农产品的市场竞争力，保障国民的人身安全，迫切需要引起全社会的关注，找出原因，拿出切实可行的对策。分析表明，导致农产品质量安全问题的原因，一是农产品的生产加工环节，生产者数量众多、规模化经营程度低、基础性条件落后、各种技术条件跟不上、政府财政投入少、生产者教育水平不高，并且在大多数情况下政府的监管难以到位。同时，为了片面追求短期经济利益，滥用农业投入品，甚至人为地掺杂使假。如农户在种植业中大量使用化肥农药，使得很多农产品中的农药残留量过高，对消费者的生命安全构成潜在威胁；养殖业中滥用兽药及饲料，导致动物体内激素重金属超标，其被人们使用后不久对人体健康造成直接危害，还会导致各种病患和疫病的增加。农产品质量安全在源头上没有得到有效保障，从而导致农产品质量安全问题严重。二是农产品的销售流通环节，在市场准入制度上，虽然拥有了一些机制，在部分地区实施中规定在农产品批发市场、超市建立无公害农产品、绿色食品、有机食品、监测合格农产品等标识专区，但就大部分地区而言，并没有完善这种市场准入，没有启动对蔬菜、水果等的全面市场准入，对农产品的入口把关不严。销售者只看到眼前的利益而忽视长远利益，销售假冒伪劣商品或过期商品，给消费者的生命健康造成严重威胁。大部分消费者权利意识薄弱，当自身的合法权益受到侵害时往往选择忍气吞声而不是需求有效的救济，助长了不法销售者的气焰。三是农产品的安全监督环节，农产品质量监测机制不完善，监测机构数量不足，监测队伍人员缺乏，监测手段有限，监测标准不明确，这些导致了我国对于整个农产品市场的监督处于不利地位，无法有力保障农产品质量安全。另外，农产品质量监督部门繁杂，部门分工不明，缺乏有效的沟通与合作。

2. 农产品质量入口安全对策

一是需要从源头抓起，杜绝农产品质量安全隐患。要改变执法观念，制定以农产品安全观念为主，农产品质量观念为辅的执法制度，为农产品质量安全提供制度保障。在执法过程中，需要明确执法部门的核心是保障农产品安全。要建立严格的农产品市场准入制度，以保障农产品的质量安全。如在大型批发市场、农贸市场、超市、连锁店等实行入市农产品分类查验和检验制度、市场自检制度、质量安全结果公示制度、不合格农产品退市和处罚制度、标识和包装管理制度及质量安全责任追溯制度。对无公害农产品、绿色食品和有机农产品颁布相关认证并予以公布。二是需要明确销售者的产品质量责任，保护消费者的合法权益在加大对不法销售者的刑事制裁力度的同时，提高消费者的权利意识，充分发挥消费者协会等中间组织的积极作用，维护消费者权益。三是创新农产品质量安全综合监管体系，权利和责任并举，加大对农产品质量安全监管的投入，提高监测机构的技术和能力，提升监测人员素质和业务水平，提高整体农产品质量安全监管能力，加强农产品质量安全的有效控制。

3. 品牌产品销售渠道入口把关

以国家分享经济实施平台为依托，建立一乡一品品牌运营商服务体系，是用品牌运营推广来帮助当地经济实现健康持续发展，通过产品的品牌塑造来完善和提升产品的品质，挖掘产品的品牌价值，用产品的生产溯源、质量跟踪、品牌塑造、品牌管理、品牌包装、品牌服务、品牌运营来建立起产品品牌信誉，用品牌信誉来为当地产品打开销路，以市场需求为导向，建立地方经济的长期发展规划。并通过打造基层组织服务阵地，共建民企政消费福利共同体。一乡一品项目在全国推出"我为家乡代言"品牌运营商选拔，让品牌运营商以及民众都来关注自己的家乡，推广家乡的产品和文化品牌，从而为家乡的发展贡献力量。并且每一个乡镇只选择一个品牌运营商，由品牌运营商负责挖掘当地特色产品和文化，完成一乡一品的品牌打造，以及产品的选拔、推荐和市场运营推广工作。一乡一品的品牌渠道是各县域品牌企业进入一乡一品专区销售产品的唯一渠道，为了保护消费者权益，杜绝假冒伪劣产品进入渠道，一乡一品品牌运营商需要对所有进入渠道的企业进行品牌认证和品牌质量跟踪。一旦发现进入一乡一品品牌渠道的产品出现问题，一乡一品品牌运营商将承担连带责任。

八、品牌产品品质责任挂钩

县域企业的信用体现在其生产经营的各个环节，其中产品质量是核心。生活中人们习惯于把产品质量问题归咎于监管部门，毫无疑问，监管部门对产品质量起着非常重要的作用，但产品质量的责任主体只能是生产企业。推进质量信用建设，系统地将企业质量与企业信用挂钩，凡是存在无证生产行为、未履行缺陷产品召回责任、发生重大质量事故、重大质量违法、虚假认证等行为的企业，都应被列为惩治重点。

1. 企业是产品质量的行为主体

产品质量的内涵大体分为两类：第一类定义是产品和服务的特性符合给定的规格要求，通常是定量化要求；第二类定义是产品和服务满足顾客期望。不管哪种分类，都体现了产品质量，包括使用性能、安全性、可用性、可靠性、可维修性、经济性和环境等特性。我国《产品质量法》对产品质量界定为产品的安全性、实用性及担保性。产品是通过生产企业的生产行为生产出来的，其质量能否符合要求和满足顾客需要，很大程度上取决于生产企业在产品设计、制造、检验、包装和储存等环节中能否确保产品质量。监管部门在产品生产过程中，起到的是监督管理的作用。消费者则通常只能通过价格及使用经验来对产品质量进行感性的判断。可见，产品质量的行为主体是生产企业，行为主体决定责任主体，生产企业作为产品质量的行为主体，也就决定了其是产品质量的责任主体。

2. 生产企业需为产品质量负责

县域企业要想在市场中生存和发展，其产品必须得获得市场的认可，而产品质量是产品获得市场认可的要素，其在很大程度上决定了企业的生存和发展，这是市场经济规律所决定的。价值规律告诉我们，企业要想在市场竞争中获胜，就得通过科技创新、经营管理等手段降低自身必要的劳动时间。通过假冒伪劣等来降低自身必要劳动时间的手段是不可持续的，最终也不会被市场认可。同时，市场经济中存在质量规律，拥有好的质量信息，则能够占有更多的市场份额，而不良的质量信息则会遭到市场的抵制。可见，市场经济规律决定了生产企业必须按市场规律运作，为产品质量负责，谁违背市场经济规律，谁就难以获得市场认可，就会被市场唾弃，企业也就无法发展，甚至被淘汰。所以，生产企业要在产品规划设计、原材料、制造、检验、储存等每一个环节，都要通过科学的内部质量管理及品质检测等手段，确保每一个产品单元及成品是合格的，防止问题产品走出厂门。

3. 监管部门要履行好职责

县域监管部门的质量监督是以法律法规为准绳，以标准为依据，以技术检验、计量检测为手段，对产品质量进行规范和监督管理。对于产品质量，监管部门要用好职责，贯彻执行国家有关质量监督工作的方针政策，统一管理和组织协调本行政区域的质量监督工作，制定质量发展规划，推广先进质量管理经验和方法，组织重大产品质量事故调查，组织质量技术监督教育宣传、培训、信息收集发布等质量宏观管理工作，负责《产品质量法》《计量法》《标准化法》等相关法律法规贯彻实施和行政执法，统一管理标准化、计量、认证工作，依法查处生产和经销假冒伪劣商品活动中的质量违法行为等。在维护产品质量中，监管部门的监管目标不同于生产企业，在监管对象、目的、工作要点中具有明确特点。在监管对象上，监管部门面对的是全社会的生产企业及产品，在监管目的上，监管部门的主要目的是防止产品出现大面积、系统性、长期性的质量风险，在工作要点上，监管部门主要是贯彻执行国家有关产品质量的方针政策、法律法规，推广先进科学的产品质量管理方法，对可能危害人体健康、人身财产安全、影响国计民生的重点产品、重点行业及重要生产环节，采用科学有效的监管、检测手段和方法，及时发现问题产品，防止问题产品危害社会，当问题产品出现时，能够采取有效措施迅速处置，减少危害，惩罚问题企业，维护消费者利益，履行好职责并实现其监管目标。

九、品牌产品品质责任追究

产品责任又称产品侵权责任，是产品的生产者、销售者因其生产的产品、出售的产品造成他人人身及该产品以外的其他财产损害而依法应承担的赔偿责任。《产品质量法》的颁布实施，初具规模地形成了我国特有的市场经济的产品责任法律制度，但产品责任制度体系的构建和完善还任重道远。在市场经济迅猛发展的今天，我国法律制度尚存在某些不足，亟待加以完善，县域政府更要加深对产品责任及消费者权益保护的认识。

1. 依法维护产品质量

社会对产品质量最基本的要求就是产品不能危及人体健康和人身、财产安全。这些要求只能通过法律法规来调整和保障，包括行政管理和司法追究。《民法通则》第122条规定："因产品质量不合格造成他人财产、人身损害的。产品制造者、销售者应当依法承担民事责任。运输者、仓储者对此负有责任的，产品制造者、销售者有权要求赔偿损失。"这里规定的就是产品责任。《产品质量法》第26条规定："生产者应当对其生产的产品质量负责。"第41条规定："因产品存在缺陷造成人身、缺陷产品以外的其他财产损害的，生产者应当承担赔偿责任。"国务院发布的《工业产品质量责任条例》第4条规定："产品的生产、储运、经销企业必须按照本条例的规定，承担产品质量责任。"刑法对生产、销售伪劣商品构成犯罪行为的刑事责任也有相关规定。如果生产企业违反法律法规，生产质量问题产品，将会受到罚款、停业整顿、吊销营业执照等行政制裁，情节严重的，还会被追究刑事责任，付出惨重代价，甚至是倒闭。守法是社会对企业的基本要求，是企业对社会的基本责任，是企业赖以生存的底线。监管部门依法监管生产企业履行产品质量责任义务，对质量问题企业采取行政及司法措施是最有效的维护产品质量的强制手段。

2. 依法实施质量监管

解决产品质量问题，县域监管部门依法实施质量监管不可或缺，该制止的制止，该追查的追查，该司法移交的司法移交。监管缺位、不作为，就会导致不法企业肆无忌惮、问题产品泛滥成灾。有些质量问题长期存在，只有在某场"运动"中或在问题"大暴发"后才被发现，一定程度上与平时监管缺位有关。对于情节严重的质量安全事件，监管部门有责任将违法企业或个人移交司法机关，依照相关法律法规规定，给不良企业致命打击。对于法律法规滞后，产品质量存在监管空白的问题，质量监管部门作为执法部门，对法律法规的完善具有相当大的话语权，要充分总结执法经验，献言献策，进一步完善相关法律法规，以适应社会发展对品牌产品品质责任追究提出的要求。

3. 建立监管责任追究制度

农产品、食品质量安全监管责任追究制度是指按照各食品监管部门食品安全监管的法定职责，确定各部门、各机构、人员的职责分工，建立层级落实机制，对乱作为、慢作为、不作为、行为进行责任追究的管理制度。县人民政府、乡镇人民政府对当地农产品、食品安全工作负总责，统一领导、协调本辖区农产品、食品安全监管工作，要贯彻落实国家有关农产品、食品安全的法律、法规和政策，根据法律、法规和当地农产品、食品安全工作需要，组织制定出台有关农产品、食品安全的规范性文件。要建立健全农产品、食品安全目标管理责任制，并组织考核、奖惩。要组织实施农产品、食品安全应急处置、信息通报、检验检测、社会监督、行业自律、食品安全监管综合协调和食品安全监管风险监测评估，调查处理农产品、食品安全监管责任事故，对有关部门、村（居）委员、社区开展农产品、食品安全监管工作进行监督指导，依法对违反农产品、食品安全法律、法规和规章的行为进行查处。

参考文献：

1. 刘铄石. 地方特产品牌塑造策略研究[OL]. 中文信息，[2017-04]. http://www.wanfangdata.com.cn/details/detail.do?_type=perio&id=zwxx201704084.

2. 纪良纲，张帅衔. 论农产品品牌塑造[N]. 河北经贸大学学报，2013(6).

3. 桑雪骐. 健康是食品消费的必然追求，品质消费成为食品消费升级的重要方向[OL]. 中国消费网，[2018-04-03]. http://www.ccn.com.cn/html/shishangshenghuo/shipin/2018/0403/345860.html.

4. 陈松，王杕，钱永忠. 农产品质量安全可追溯性研究进展与趋势[J]. 现代农业科技，2012(8).

5. 梦里原乡. 产品：为什么要溯源[OL]. 搜狐网，[2018-01-23]. https://www.sohu.com/a/218365584_100092527.

6. 赵根，陈丽萍，吴伟丽，钱伟红，韩明丽. 农产品安全溯源管理系统的功能和意义[J]. 现代农业科技，2015(20).

7. 佚名. 论质量技术监督与企业自律在提高产品质量上的作用[OL]. 第一文库网, [2009-04-30]. http://www.360doc.com/content/11/1104/17/806336_161688454.shtml.

8. 杨玲, 盛松华, 温少辉, 成昕, 郭征. 县域农产品质量安全监管现状及问题分析[J]. 农产品质量与安全, 2015(4).

9. 唐建松. 枣阳质监局多举措积极引导企业争创名牌产品[OL]. 中国质量新闻网, [2012-09-21]. http://bbs.zaoyang.org/thread-254153-1-23.html.

10. 张玉婷. 论农产品质量安全的现状及对策[J]. 决策与信息旬刊, 2012.

11. 李小洪, 刘文正, 周连东. 浅析产品质量的责任主体及行政监管[OL]. 中国质量新闻网, [2013-11-18]. http://www.cqn.com.cn/news/zgzljsjd/817398.html.

何开秀点题：
怎样打通品牌产品的销售渠道

主流的销售渠道入口永远是厂家商家必争之地，无论是传统的销售渠道还是互联网销售渠道，都是厂商必争的靶心。怎样建立一套完整的品牌产品销售渠道？我想从国际、技术、企业、服务、消费五个层面加以分析。

1. 国际层面。互联网已经打破了国际界定，未来一定是全球化发展，国际间的合作会越来越多，国际间的语言障碍已经突破，国际间的数字货币流通也在形成，互联网数字货币的结算也将随着国际业务的开展实现相互转换，只有解决了互联网诚信问题，突破了国际语言交流、国际数字货币结算转换、互联网身份识别认证，才能真正实现全球互联网无障碍应用。

2. 技术层面。互联网虽然实现了相互之间的业务交流，却没有建立资源的真实身份识别认证，无法满足现实应用的诚信需求，所以，必须在互联网的底层建立一套全球化的数字身份识别码，把所有的资源都进行数字身份识别认证，包括国家、城市、企业、企业的产品、消费者以及消费行为记录都用数字进入身份识别认证，采用区块记录技术形成区块链应用，把企业产品物源码与销售结算结合，把消费者的福利保障与消费行为结算结合，并把相关方各自的利益都归入数字身份识别码，也就是实现全物数字化管理包括人的行为也纳入全面数字化管理，通过技术支持来实现相关资源的互通和共享，才能真正打通互联网的无障碍全球应用。

3. 企业层面。企业产品的品牌与品质是企业生存的基础，渠道是产品流通销售的命脉，市场上的假冒伪劣已经把品牌企业逼到绝路，如果没有一个保护品牌产品的销售渠道，品牌企业就没有生存空间，国家经济就无法正常化发展。企业都在价格上下工夫是无法生产出优质产品的。只有建立规范完善的品牌保护机制来保护品牌企业的产品品质，为品牌品质保驾护航，企业才有发展空间。

4. 服务层面。传统意义上的服务层面指产品代理商、批发商、零售商，互联网时代的服务层面更多的是指第三方平台，就目前互联网电商平台所推出来的营销手段来看，基本上都是以价格战为导向，个别平台推出分享经济模式，也是玩玩文字游戏，挂羊头卖狗肉，拉会员收门槛费，到最后是各方都受伤害。我想说的是如果要打造品牌渠道，第三方平台不仅仅只是业务层面的互联网应用，应该获得底层大数据数字系统身份识别的技术支持，通过建立完整的第三方平台的行业服务体系、管理体系、业务体系，通过区块链技术记录各自的业务数据，规范各方职责、严格执行行业服务标准，细化纵深服务内容，用大数据系统平台的技术来解决资源的横向对接，由行业第三方平台完成纵向的业务服务，这才是未来互联网第三方平台发展的方向。简单地说就是需要底层系统的大数据共享支持，打通APP入口，共享大数据资源，共享业务资源，共享消费资源，形成规范经营的行业服务平台。

5. 消费层面。在科技高速发展的时代，随着科技自动化、智能化的普及应用，大量的劳动生产力被释放出来，老百姓赚钱的机会越来越少。人们在收入来源方面如果没有新的路径，加上后顾之忧没有彻底解决，就会不择手段、时机、方式想办法赚钱，不法分子就会借机欺骗和误导，从而造成社会乱象丛生、消费市场疲软，使企业发展受阻。价格竞争导致一切以价格导向，品牌企业为了生存也不得不生产廉价产品，让消费市场问题更多，更加混乱。

国家提出了分享经济，但是如何执行是需要企业来探索和寻找解决方案的。互生经济学给出了一套完整的分享经济的解决方案。以互生经济学解决原理研发的互生系统平台把分享模式嵌入到系统工具的配置中，把一个新经济理论通过一套系统的应用来加以实现，把很多问题通过工具应用来解决，这就是智能化时代的一大突破。

互生系统为互联网时代的大数据建立了一套底层数字身份识别体系，可以帮助互联网用户完成数字身份识别，为各种第三方互联网平台实现用户的数字身份识别和资源共享的对接，通过各自区块数据记录和数据的连接应用，解决了互联网上区块链数据的真实认证，终结了互联网上虚假数据成灾的问题。

科技发展速度越快，企业的科研成本就越高，前面的投入还没有收回成本，后面的创新又超越过来，迭代速度非常快，很多科研成果都没有来得及面市就被颠覆了。中小企业不具备科研实力，基本没有发展空间，而大企业越来越大，这是无法改变的现实。出卖智慧已经成为年轻创业者吸引风险投资的目的，普通百姓想赚钱就跟风，哪里赚钱快就去哪里，明明知道有问题有风险也要去冒险。再这样发展下去，这个市场就真的不敢想象了。

建立品牌产品销售渠道的目的，就是保护品牌企业的正常化发展，把市场上的买便宜劣货引向赚钱买真货，重建市场销售体系，重塑市场消费信心，打造健康创业环境，推动经济的健康可持续发展。

互生大数据技术平台是国家高新技术企业，已经完成了数字系统的全面应用。企业可以免费申请互生成员系统的数字化身份识别，再参与到第三方业务平台的应用，通过行业分类的业务平台获得行业服务，通过第三方行业服务来严格把关销售渠道的入口，建立品牌产品的品质责任制，通过物源码溯源产品的生产企业，让企业的产品通过物源码就可以实现产品销售链接，用产品品质来说话的时代已经来了。

品牌产品怎样入驻社区，什么是物源码销售方式，怎样实现品牌产品分享销售同步等业务，这些都是由互生大数据数字系统来提供技术支持的升级解决方案，互生大数据数字系统为各行业的第三方平台打通了资源共享的接口，把相关联的品牌渠道、一乡一品、社区服务等专业门户APP进行全网贯通，把其他关联的网上业务也进行全面整合，并网推送。通过消费福利卡来建立消费忠诚度，用消费福利保障来增加消费者收益，为消费者的生存、养老、免费医疗补贴等探索出了一条新路径。用品质责任制来塑造商品的信用，重塑消费信心。而物源码产品扫描购物链接和分享推广模式，又为市场提供了大量的免存货分享推广创业就业机会。通过这些解决方案，就为品牌企业彻底打通了销售渠道，真正做到为品牌品质产品保驾护航。

第五解
怎样打通品牌产品渠道

《农业农村部关于加快推进品牌强农的意见》指出，以消费需求为导向，以优质优价为目标，推动传统营销和现代营销相融合，创新品牌营销方式，实施精准营销服务。充分利用农业展会、产销对接会、产品发布会等营销促销平台，借助大数据、云计算、移动互联等现代信息技术，拓宽品牌流通渠道。只有建立起品牌产品的流通渠道，让品牌产品真正落到消费者手上，才能体现出产品的品牌价值，为企业创造利润。县域实施一乡一品品牌运营项目，按照市场需求，结合县域特色文化和农特产品，利用互联网的手段来打造县域文化品牌和推广农特产品，从而推进本土特色农产品快速市场化、规模化、产业化、品牌化。不仅能产生可观经济效益，同时也实实在在地帮助乡村农户创收。一乡一品从打造渠道着手，根据各个县域的实际情况，比如种植环境、地理条件、产品信息等，取长补短来为县域政府及企业提供有价值的市场资讯和推广渠道。以因地制宜、量化生产和供销配置来实施定向销售、现货销售、预定销售、爱心销售等多渠道的产供销创新营销模式，来实现农产品市场化发展，通过线上APP、线下社区店以及定向消费系统的搭建，为县域政府发展一乡一品提供多渠道的产供销一体化解决方案。

一、品牌运营维护

品牌的运营是企业以品牌为核心所做的一系列综合性策划工作，它是一个复杂的系统工程。随着市场竞争日趋激烈，企业间的竞争越发明显地表现为品牌的竞争，企业能否培育出自有的知名品牌，将直接决定一个企业在市场上的竞争力。品牌竞争的结果将是杂牌、弱势品牌逐步淡出市场。

1. 树立品牌意识

从企业竞争力来看，随着社会步入知识经济时代，技术的创新速度在不断加快，企业进入市场的技术壁垒大大降低，竞争者大量涌现，消费者的选择余地进一步扩大，这就迫使每一个县域的企业不得不把竞争的重点放在塑造知名品牌，增强品牌优势上，以求在消费者心目中建立与众不同的突出地位与独特形象，形成企业的差异化竞争优势。所以，加强对品牌的培育和运营，就成为企业的必然之举。可以预计在不远的将来，中国市场将结束小品牌纷争的时代，形成众多强势品牌一统天下的局面。在这种情况下，为了提高自身实力，更好地应对品牌的挑战与竞争，树立品牌意识，打造强势品牌已成为县域企业的当务之急。因此，各个县域的一乡一品品牌运营商以挖掘地方特色，传承历史文化为基础，助力品牌强农，打造以当地为特色的品牌，通过一乡一品的运营体系，帮助县域企业从多个方面来稳固品牌的发展，最终形成市场竞争力。

2. 注重品牌运营

品牌运营是个复杂的系统工程，质量保证是关键。品牌并不是单纯靠广告能"吹"出来的，而且品牌的塑造也不是一蹴而就的，可能需要几年甚至十几年的时间才能打造出一个让消费者熟知的品牌。品牌就其本身来看，说到底只不过是企业或企业商品的标志而已，因此，任何一个企业的品牌离不开其商品或服务这个物质载体，品牌如果不是建立在其商品品质和服务品质的基础上，品牌就不可能树立起来。而商品及服务品质关系到企业的形象。消费者选择产品，总是以上乘质量的产品为选择对象。企业如不能透过商品与消费者进行完美沟通，造就名牌便是无稽之谈。调查表明：认为品质比价格重要的消费者越来越多，强劲的品牌无一不是以其过硬的质量称雄市场。一乡一品在开始阶段，就为品牌企业的发展考虑到这些问题，提供了一系列的渠道支持和盈利模式解决方案，通过短期的产品销售收益保证企业的初始发展阶段，同时通过一系列解决方案为企业带来持续盈利的解决方案，让企业有更多精力和成本投入来保证品牌产品的质量提高、科技含量提升、文化形象创作等塑造工作，帮助企业更好地塑造品牌，最终形成强大的品牌竞争力，打造属于当地的民族百年品牌企业。在一乡一品的运营体系中，产品质量保证的最大问题来源于假货的泛滥，假货的泛滥对正品的冲击非常大，为了应对假货低价的竞争，正品产品只能偷工减料地生产，最终造成质量的下降，从而影响企业品牌的发展。因此，在一乡一品运营体系中，将会从多个方面和采用多种措施来保证正品企业的市场利益。

3. 做好宣传推广

在竞争日益激烈的市场上，想保持与提高品牌的知名度和美誉度，时刻与消费者联系在一起，就离不开有力的宣传。有力的广告宣传，把企业的信息及时传达给消费者，使消费者对品牌有个完整、丰满的印象，使他们对品牌有一定的感情倾向，品牌在竞争中便会处于优越位置。品牌竞争不仅是实力的较量，也同样是广告宣传的较量，重视宣传对于提高品牌美誉度与知名度、塑造良好的品牌形象和企业形象是必不可少的。

二、品牌渠道建设

渠道是连接产品和用户的桥梁，有了渠道搭建才能将访客引进，才能实现产品的最终转化，同时也能提升平台或是品牌的知名度和影响力。因此，如何让消费者知道并且通过有效的渠道买到品牌产品，对企业品牌产品的发展至关重要。

1. 制定品牌战略

县域政府要完善品牌扶持政策与措施，建立"政府为主导、企业为主体、市场为导向、专家做指导、全社会参与"为一体的工作机制，为实施品牌战略提供强有力的支撑。应在对"企业创品牌"进行资金奖励的基础上，进一步完善品牌战略的激励引导措施。比如，对列入重点支持名单的品牌企业，符合国家产业政策、城乡规划和土地利用总体规划的用地要求，可以在土地利用年度计划中优先安排。拓宽品牌企业融资渠道，协助有条件的品牌企业申请国家各类政策性资金。鼓励企业在境内外资本市场上融资，吸引国内外企业向品牌企业注入资金，以合资合作等形式参股品牌企业，等等。要注重树立典范和标杆，推广先进经验，发挥知名品牌的导向和示范作用，加大品牌宣传力度，提高品牌在消费者心中和市场上的形象与信誉。进一步整顿和规范市场经济秩序，加大打击假冒伪劣违法行为和侵犯品牌等知识产权的违法行为的力度，保护企业自主创新和争创品牌的积极性。

2. 打造渠道系统

所有做品牌的企业，都希望有一个"客流稳定，效果明显，持续消费，成本低廉"的品牌产品销售渠道。为此，首先要完善自主品牌维权与争端解决机制，形成企业自我保护、行政保护和司法保护三位一体、相互结合的品牌保护体系。其次要加快推进社会诚信体系建设，为品牌发展营造一个公平竞争的、法制的、健康的市场环境。其三要精心打造品牌的渠道系统。在互联网高速发展的今天，能否借助互联网+的东风，改善、再造县域品牌渠道，提升县域商业活力，刺激县域消费潜力，成为摆在县政府、企业和电商面前的新课题。在国家分享经济实施平台的技术支持下，一乡一品品牌运营方案从多个方面为企业打造全方位的渠道系统，包括一乡一品电商系统、抵扣专区系统、品牌渠道系统、定向消费系统和线下社区店系统。比如，一乡一品电商系统是一个消费者终端APP的一个功能板块，集乡村特色、风味小吃、民俗旅游、休闲娱乐、农家乐于一体。相比传统互联网平台，它为乡镇和城市搭建了一个信息的快速流通渠道，让乡村的特色品牌产品走出去，把城里的客人请进来。一乡一品专区以消费者为定位中心，根据地理位置远近来进行企业排位，也就是说每一个入驻企业在所在区域，都有机会排在消费者APP的页面第一位，从而获得稳定的客户流量。再比如，抵扣专区系统是企业进行产品促销，活动引流而设置的专区销售窗口，在这个销售窗口，消费者可使用农创消费福利卡中5000元消费抵扣券抵扣一半的价格，通过这样的方式，帮助企业吸引消费者进店消费，促销产品。抵扣专区同样显示在手机APP首页，通过专区活动，将成为企业推广品牌、打造爆款的绝佳渠道。

3. 拓宽销售渠道

搞活市场流通、拓宽销售渠道是一个极其重要的环节。企业最大的希望是拥有自己的销售渠道，在市场上拥有定价权，要让生产型企业能够拥有市场定价权就必须掌握渠道商和消费者终端。为此，一乡一品品牌运营体系为市场打造了一个"品牌渠道平台"，通过品牌渠道系统，帮助一乡一品的生产型企业掌握渠道资源和消费者终端，满足一乡一品生产型企业的产品推广和销售渠道建设的需求，并同步实现产品代理与消费结算，让生产型企业同时掌握定价权和市场销量，有计划地实现量化生产，打造"产供销"一体化产业链，提高农产品销售收入，完善产业链价值，让农民合理分享全产业链增值收益。一乡一品专区，品牌渠道，抵扣专区，定向消费等，都是针对企业的产品销售端打造的。品牌渠道的打造不仅给企业提供了一个销售产品的平台，更是帮助企业建立一个持续盈利的渠道，帮助企业的品牌得到更好的发展，同时为老百姓提供更好的产品和服务，最终形成品牌竞争力，真正助力国家实现乡村振兴战略和品牌强农计划。

三、品牌产品分享销售同步渠道

"中国饲料大王"刘永好认为,品牌有产品品牌和信誉品牌两重含义。产品是有形的,是看得见、摸得着的,是品牌的基础,信誉品牌表面上是无形的,但却是"众人的口碑",是社会的广泛认同。"用户告诉用户"的口碑影响力无比巨大。

1. 提高品牌美誉度

要赢得口碑就要对品牌产品的各项基础工作做得非常细致、到位并持之以恒。只有产品和服务水平超过顾客的期望,才能得到他们的推荐和宣传,为企业品牌赢得良好口碑,树立好的品牌形象。品牌美誉度的作用主要是提高品牌的可信度及好评度,具体包括:各搜索引擎的百科、客服电话、官网的标识等的申请,增加可信度;在各问答平台、论坛、贴吧发布一些关于公司产品介绍及优势说明的帖子;通过赞助一些会议或协会,获得相关的奖项,然后进行包装宣传。

2. 建立品牌忠诚度

品牌忠诚度的建立主要在于更好地服务已成交的客户,建立持续的业务合作关系,并带来转介绍客户。每年的春节、中秋节、端午节等节日给客户寄送节日礼品,维护客户关系。适时进行大客户的拜访,一是当面表示感谢,二是能够深入地了解客户的需求, 建立更深入的合作。

3. 将客户变推销员

想要让消费者愿意推荐企业的产品给他身边的朋友,一定要有分享经济的利益分配模式,即分享产品给身边的朋友,推荐者可以得到一定的佣金提成。通过这样的方式,企业的用户也是推销员,只要企业的产品质量过硬,消费者觉得好并愿意分享给自己的朋友,那么,消费者就能获得佣金提成,企业也能卖出更多的产品获得更多的收益。相比企业开专卖店,上电商,这是效果最好、成本最低、获得用户粘度最高的的一种营销方式。一乡一品用户APP终端,专门设置了用户分享的推荐功能,消费者可以参与企业品牌渠道系统的用户分享,帮助企业进行产品的分享并获得一定的利益回报。通过这个功能企业能将客户变成推销员,所有一乡一品的好产品、好品牌都能以最低的营销成本,建立以消费者个人为中心的推广渠道,通过用户的口碑相传推荐给身边的朋友。

四、品牌产品物媒链接销售渠道

物品媒体营销通过该商品本身的市场流通渠道，使其附带的广告信息精确到达目标受众。物品媒体营销与其他营销方式的最大区别是：这类广告不依赖任何报刊、广播、电视、网络等第三方媒体，也就几乎不消耗任何额外的能源、不需要建立专门的发布渠道、不需要花费额外的成本。而且，由于物品媒体营销的潜在用户与载体商品的用户高度吻合，所以，通过物媒链接销售渠道的模式对商品的销售和品牌的推广有非常有效的促进作用。

1. 物媒链接营销优势

一是极具广度和深度，商品载体可以到达的地方，广告就可以到达，没有任何的空间限制。二是时间有效性极强、传播极为迅速，广告信息会迅速到达消费者手里，尤其是快速消费品所附带的广告信息。三是有效阅读率高，而且还经常复习，直到永远忘不了。四是节省广告费用，几乎没有什么成本。五是极有黏性，只要商品的包装还存在，媒体商品就一直为另一商品代言。六是容易吸引注意力，成为人们讨论的焦点。七是精准找到目标消费者。八是制作成本低，只需要对原有商品的包装进行重新设计。九是不增加能源消耗，还能主动促进垃圾回收，控制环境污染。十是能满足各个行业的广告投放需求，餐饮、娱乐、住宿、服装、零售、教育、培训、旅游、IT、影视、游戏、地产、医疗、会展、日化、互联网、银行、理财、母婴用品、网上购物等等，各个行业，无所不包。

2. 物媒销售多方受益

物品媒体销售为所有商品媒体提供者和所有共生媒体需求者建立了一个平台，使各方均能最大限度地宣传自己的产品，最大限度地受益。一乡一品的目的是打造地方特色、传承历史文化，正好可以利用产品物媒把历史文化故事展示给消费者，让消费者在使用产品的过程中，得到体验式的享受，通过物媒信息品味家乡的味道，品味人文故事，品味地方特色。通过物媒信息传递的方式帮助企业真正打造出不一样的品牌和特色文化。消费者通过看故事的方式能够马上记住企业品牌，让企业品牌深深地印在消费者的脑海中，结合一乡一品的各种渠道支持，自然对企业品牌的推广和产品的销售形成促进作用。

五、品牌市场保护

品牌作为企业的重要资产,其市场竞争力和品牌的价值来之不易,品牌在市场激烈的竞争中难免会出现知名度、美誉度下降以及销售、市场占有率降低等问题,任何品牌都存在品牌老化的可能。因此,需要不断地对品牌进行维护,增添品牌生命力,才能更好地巩固品牌的市场地位。

1. 品牌保护的作用

一是有助于保持和增强品牌生命力。品牌的生命力取决于消费者的需求。如果品牌能够满足消费者不断变化的需求,那么,这个品牌就在竞争市场上具有旺盛的生命力。反之就可能出现品牌老化。因此,不断对品牌进行维护以满足市场和消费者的需求是很有必要的。二是有利于预防和化解危机。市场风云变幻、消费者的维权意识不断增强,品牌面临来自各方面的威胁。一旦企业没有预测到危机的来临,或者没有应对危机的策略,就会面临极大的危险。所以,品牌维护要求品牌产品或服务的质量不断提升,才可以有效防范品牌危机。三是有利于抵御竞争品牌压力。在竞争市场中,竞争品牌的市场表现将直接影响到企业品牌的价值。不断对品牌进行维护,才能够保持竞争力,同时对假冒品牌也会起到抵御作用。

2. 产品追溯系统的好处

政府近年来大力推进农业信息服务技术发展,重点开发信息采集、精准作业和管理信息、远程数字化和可视化、食品安全预警等技术,打造让老百姓放心的饮食环境,充分利用二维码技术、RFID等物联网技术手段,建立了一系列品牌安全追溯体系,为消费者打通了深入了解产品生产信息的可信通路,解决了供需双方信息不对称、不透明问题。追溯系统的优势一是保障产品质量,保障产品生产管理规范化、标准化。二是解决了缺陷产品的召回,当发现产品质量有缺陷时,可迅速实现召回,将损害与损失降至最低。三是提升品牌形象,使消费者品牌消费的权益得到保护。四是提高了管理效率,通过物联网技术加快信息传输速度,有效地提高了企业供应链效率。

3. 推广数字编码识别

品牌溯源对品牌产品是一种保护,让消费者深入了解这个产品从企业名称、产品名称、品牌销售终端结算等,用一组数字完成,利用物媒体进行产品说明,可以完全解决品牌假冒问题。在一乡一品专区系统中,每一个入驻的企业都将有一个唯一的11位数字识别编码,按照国家资源、城市资源、企业/消费者资源进行排列组合,每一个企业在系统当中都拥有一个唯一的身份识别数字凭证。通过这组编码不仅可以对企业进行识别,也能对企业的每一个产品进行唯一的数字编码识别。一乡一品的企业数字溯源码,拥有与传统追溯系统一样的功能,能与企业的数字账号直接挂钩,每一个企业的溯源码对应的就是企业收益账户。因此,一旦有制假企业出售假货,消费者不仅可以通过追溯码查到产品源头,同时企业运用追溯码也可以保证自己的利益,售假企业的货款会通过真企业的追溯码进入到企业的账户,对售假企业来说没有任何利益可图,从根本上杜绝了制假售假。 品牌溯源只是防止制假售假的手段之一,在一乡一品专区入驻中,一乡一品的品牌运营商将对每一个入驻企业的产品进行审核,并实行担保制和连带责任制,这样就从产品的源头上彻底规避了假货的出现。

何开秀点题：
怎样保证品牌产品销售

通过大数据的技术支持和品牌产品入驻社区、物源码销售、品牌产品分享销售同步等业务，我们打通了品牌产品的销售渠道，把企业的产品推送到了消费者的移动终端，这样就可以通过社区服务体系把品牌产品置入社区销售，也可以通过物源码让消费者看到产品的品质扫码连接消费，还可以通过消费者口碑推送连接消费，同时对接了消费福利卡上的定向消费金进行消费，当然，最终买不买还是要由消费者说了算。

要想让消费者消费就要做到消费者敢消费、想消费还有钱消费，就要为消费者创造消费赚钱的机制，就要创新市场发展模式，为此我们将从五个方面入手：

1. 把消费者的关注点从买便宜劣货的省钱模式引入到消费品牌品质产品获得福利的赚钱模式，在保证同等产品价格竞争的基础上导入消费福利模式，从消费福利的持续收益上来培养消费积分习惯，引导企业为消费者创造价值的方向去发展。

2. 对企业的价格竞争进行规范要求，严格规定打折积分的最大空间，通过系统的设置来规范企业行为，在保护企业的合法利益的同时拉动消费、做大市场，让企业生意好做。

3. 建立好产品市场投资的准入机制，淘汰劣质产品，为好产品建立积分投资的渠道，通过消费积分投资来实现全民持股计划，达到企业与消费者互利共赢。

4. 为企业经营降低成本，减少中间环节，降低企业经营风险，用大数据为企业提供科学的投资分析和经营渠道服务。

5. 培养市场树立正能量的竞争发展风气，以好产品和为消费者创造高附加值的企业为鼓励样板，为这类企业提供更好的发展空间和条件。

如何才能突破买卖关系，《互生经济学》作者认为：只有把单方获利模式演变成多方互利模式，让消费者越消费越有钱，让企业生意越来越好做，让资金在市场上快速循环流动产生价值，这就需要我们重新定位市场的买卖主体。我们过去更多地关注卖方资源的投资获利如何持续、如何利益最大化，而忽略了消费市场购买力的收益来源，没有买方就没有经济的持续发展。我们的一切经济活动最后的结果都是表现在买卖的活跃上，关注买卖双方的平衡收益才是建立良性循环经济发展的重点。

互生大数据数字系统技术的应用已经成功实现了消费福利卡的定向消费基金对接到品牌渠道的产品消费上，保证了品牌产品在消费市场一定的消费份额。

我们只有突破单方获利的买卖模式，在企业与消费者之间建立一个新型的、循环的、互生互利的、相生相连的、血脉相依的经济发展新模式，让企业的发展与消费者的收益成为一体化的互利体系，才能够充分调动消费市场的购买力。（摘自《互生经济学》自序）

第六解
怎样保证品牌产品销售

品牌产品销售目的是为了更好、更快、更贵、更长久地把产品卖出去,让销售可持续增长,形成品牌资产,降低对价格的依赖,对渠道有话语权,不仅包括产品层面的卖点体检,还包括对品牌层面的价值提炼与识别,在消费者心中建立起清晰独特的品牌认知,最后形成品牌的知名度、美誉度和忠诚度。现在企业的生意非常难做,以至于不得不大打价格竞争战。企业的恶性竞争不仅影响自己的发展,还影响着老百姓的就业和中小企业本身的生存,直接影响到消费者的收益。

一、品牌产品定向消费支持

凡是做过互联网的企业都知道,让消费者多次重复地购买产品,是考核用户黏性的一个重要指标,用户黏性就是很多人知道你的品牌,更多人购买你的品牌产品。

1. 活动促销效果有限

产品营销更多地基于为促进产品当下销售所策划的一系列如卖点提炼、策划促销等动作和活动。比如,新用户注册送好礼、抽奖、满减、送红包、抵扣券、双十一、购物节、节假日促销等等一系列活动,都是企业宣传推广品牌和促进用户持续购买的营销方式之一。然而,虽然有看似花样百出的各种促销活动,还是会听到消费者抱怨说:"活动虽好,但是我没钱买。"这反映的一个问题就是,如果消费者有钱消费,企业的促销效果才会更好。老百姓赚钱越来越难,购买力降低,消费市场就会越来越疲软,导致企业生意更加难做,市场进入恶性循环。企业费尽千辛万苦,花费大量资金打造的渠道,到最后消费者没钱购买,产品卖不出去,对企业来说就没有任何价值。故此,解决好消费者生老病医等后顾之忧,让消费者想消费、愿意消费、有钱消费的问题,建立消费者有钱消费的渠道,对企业品牌的推广才有实际意义。

2. 创新品牌销售渠道

品牌企业要根据营销环境的变化情况，并结合自身的资源条件和经营实力，寻求品牌营销的突破或变革。在这个过程中，并非要求一定要有创造发明，完全可以借船出海，只要能够适合品牌销售，那么这种品牌营销创新即是成功的。一乡一品品牌渠道为品牌企业提供了新的渠道及营销模式，实现了"产供销"同步共享。企业可以通过应用一乡一品品牌渠道系统，扩大企业产品的网络销售渠道，通过消费积分吸引消费者多消费。而消费者也通过使用消费福利卡把在商家消费时得到的积分进行汇集，再把汇集到的积分用来投资，实现消费者消费越多积分越多，积分投资分红也越多。这样，消费者通过正常消费积分就能够解决生老病医的保障，消费者解决了自身的后顾之忧，就会大大提高消费信心，敢消费、想消费，还有钱消费，从而拉动内需，做大市场，让企业生意好做。

3. 定向消费金支持

试想一下，有一个平台当你需要看病、住院的时候及时给你报销医疗费用，并且每个月还给你分红，这样的平台用户黏性一定非常高。这就间接鼓励了消费者要去积极消费获得积分，进一步刺激了消费，从而形成了一个良性的市场经济循环，让企业和用户都能获得收益。除此之外，为了进一步刺激消费，每月分红中，还额外给消费者一定比例的定向消费金，并规定定向消费金只能用于消费，成为最稳定的购买力，对企业来说保证了企业的利润，对消费者来说，一个消费者的定向消费金也许不多，但是如果是全国13亿消费者，平均每人一年1000元的定向消费，一年的市场购买力就是1.3万亿，对于靶心市场的消费拉动将是难以估量的。所有入驻一乡一品专区的企业和品牌产品都将优先享受消费者的定向消费金的对接。中国的县域经过改革以来40年的发展，最不缺的就是农特产品，定向消费金会起到一个很好的市场调配作用，相信有了定向消费金的支持，一定可以保证品牌产品的顺利销售。

二、品牌产品社区专卖

2020年要实现全民小康，需要县域发展，需要乡村振兴，需要品牌强农。县域名优特产品现在面临的突出问题就是卖不出去的问题。依托大数据技术支持的全国智慧社区惠民服务工程，从社区智能化管理服务、社区居家养老服务、社区健康服务、社区生活服务、社区文化服务等多方面展开全面的落地服务，其中一个主要任务就是帮助品牌产品进社区专卖，打造"产供销"一体化服务的解决方案。

1. 以方便消费者为目的

今天的互联网为企业提供了很多的选择，从销售渠道角度来看，电子商务的本质依然是零售。电商的应用改变了买卖双方的时间、地点及销售关系，简化卖方流程为买方提供了更便捷的服务，就好比过去的夜市小摊，当大部分消费者都开始喜欢逛综合体的时候，在夜市上摆摊就很难有生意。不同的销售渠道最终都是以方便和服务消费者为目的，并随着其购物需求而改变，除了互联网的线上渠道，很多线下渠道依旧是有效的。无论线上也好，线下也罢，从互联网到智能化，我们的生活方式和就业方式已经发生了巨变。如何在这个迭代的时期满足智能化时代服务的需求，才是企业提供产品和服务的根本。

2. 帮助一乡一品通社区

智慧社区帮助一乡一品直通社区居民家里，提供"产供销"一体化服务的解决方案和技术支持，是企业品牌进社区的黄金渠道。通过社区服务这个工程，把社区服务店开到社区里面去，帮助一乡一品进社区找到对接点，并做到对产品生产、流通、消费等进行全生命周期监控，来源可查，用溯源系统将各种社会资源进行数字化识别、结算，用技术确保系统品牌唯一、编码唯一、结算账号唯一，让大家不能作假、不敢作假、不愿做假，产品去向可查，责任可究。所有的一乡一品产品都可以通过社区服务大厅直入超市，每个社区店都是无人超市，按照标准化放进去，就打通了最后的瓶颈，实现让乡村走出去，把客户请进来，城乡直接互通。

3. 为居民提供多元化服务

社区店以群众的幸福感为出发点，通过打造智慧社区为社区百姓提供便利的服务，从而加快和谐社区建设，推动区域社会进步。社区服务是离消费者最近的服务店，消费者有任何需求和服务都可以直接去社区便利店获得，包括产品的购买。通过全国社区店和一乡一品特色产品的对接，可以将产品入驻到离消费者最近的便利店，配合定向消费的支持，能以最低的成本为企业的品牌推广和产品销售带来巨大的推动作用，是企业宣传品牌、传播文化的推广渠道。因为社区服务专区是专为社区服务和物业管理公司打造的一个项目功能板块，社区服务渠道旨在助力智慧社区工程建设，推进社区服务与物业全面升级，全方位为社区居民提供多元化的服务，挖掘社区创业就业机会，规范社区服务业的经营秩序的同时，将全国4万个乡镇的一乡一品品牌好产品，配送到全国8万个社区店，配送到广大城市社区居民的家门口。

三、品牌信誉担保

品牌信誉形象是社会公众及消费者对一个品牌信任度的认知和评价，其实质来源于产品信誉。品牌信誉的建立需要企业各方面的共同努力，需要贯穿于整个品牌经营活动之中，它包含了丰富的内容，即质量信誉、服务信誉、包装信誉、三包三保信誉等。品牌信誉是维护顾客品牌忠诚度的前提，也是品牌维持其魅力的法宝。

1. 品牌信誉的作用

提高产品的品牌信誉：一是能提高产品卖点，保护生产经营者的利益；二是能吸引消费者眼球，实现品牌的有效推广；三是能增强企业信心，树立企业在消费者心中的品牌效应及定位；四是可以保护生产经营者的利益，注册之后的品牌，成为企业的一种特有资源，受到法律保护；五是可以助推销售，使消费者熟悉产品，激发购买愿望；六是可以帮助消费者识别和选择商品，消费者购买商品不可能都经过尝试后再购买，主要依品牌信誉而购买，一个品牌如果知名度高，即便消费者未经使用，也会因品牌信誉而购买。中国的县域有两亿多农业经营户，从业人员3亿多人，如果4万多个乡镇每个地方都打造2~3个品牌，全中国就会新增十多万个地方特色品牌，再通过一乡一品品牌运营体系，帮助各个乡镇把打造出的品牌进入品牌渠道系统，建立品牌的信誉度，就能提高品牌被消费者认可的程度。

2. 品牌信誉的建立

品牌信誉必须是建立在品牌的优质产品和服务的基础之上，是品牌理念长期贯彻的结果。品牌一旦在用户心目中树立了良好的信誉，不仅可以影响到现有用户的行为，而且还会影响未来用户的行为。品牌信誉的建立依赖于品牌在与供应商、销售商、消费者等打交道的过程中，依赖于品牌履行其社会责任及义务。信誉本身虽然是看不见、摸不着的，但是它却构成了品牌无形形象的主体。一乡一品优先将消费者的定向消费金对接至一乡一品专区，不仅为消费者提供优质产品，同时也为品牌企业品牌产品建立了信誉保证。

3. 品牌信誉的保证

一般来说，有了品牌信誉也就容易塑造企业的形象，反过来说，如果在品牌信誉的基础上进一步推行企业的整体形象战略，也就更有利于企业的全面发展。传统的品牌认证体系如三品一标认证、溯源等都是提高品牌信誉的保证。但是传统认证的方式并没有解决渠道问题，在一乡一品专区中入驻的企业品牌产品，均是由全国4万多个乡镇的一乡一品运营商在当地筛选出来的优质产品和地方特色品牌。一乡一品专区是专为乡镇特色品牌开设的独立购物端口，一乡一品本身就是信誉的担保，凡是能够通过审核进入一乡一品专区的品牌本身就是质量的保证。

四、品牌产品渠道监督

品牌产品渠道监督的目的主要在于维护品牌产品的市场价格和终端零售价，并让流通各环节中的单位获得合理的利润空间，激发各级单位的销售主动性和积极性，提高客户满意度，并享受彼此间合作的良好资源，最终扩大品牌产品的销量。

1. 渠道管控的实施

一般认为品牌产品渠道监督分为以下几个方面：销售价格管理、库存数量管理、销售信息管理和配送时效管理。销售价格管理管控客户群，不能违反价格原则。库存数量管理与商业动销率相关，不使产品压在仓库里不流动，有计划地组织生产。销售信息管理以大数据为支持，提供品牌产品的相关信息。配送时效管理就是对品牌产品及时地按照要求进行配送。同时，要做好品牌产品渠道监督工作，必须得到品牌企业管理者的认可和支持，使其意识到这项工作对企业发展的重要性，让这项工作有步骤、有计划、循序渐进地进行。

2. 渠道监督杜绝假货

假货顾名思义就是假的商品，利用非法的手段模仿知名品牌的产品，以性价比低廉的产品冒充性价比高的产品，从而获取高额的利润。假货泛滥严重损害消费者的权益，危害品牌厂商利益，甚至危害我国经济的发展。假货、次货泛滥主要在于缺乏监督监管，以及制假售假企业接受惩罚成本低。因此很多造假制假企业打着法律和市场的"擦边球"进行假货的销售，低质低价对正品品牌形成冲击，扰乱市场。对此，除了执法部门要加强打击力度，监管好销售渠道，维护好市场公平竞争秩序。作为生产企业应尽快将防伪标志进行升级换代并向消费者传授，还要加大宣传力度，使消费者从正规渠道购买正品。

3. 引入连带责任制

一乡一品渠道为了解决假货问题，做好了各环节之间的有序衔接和各项措施关键点的设计。首先给入驻一乡一品渠道的企业提供了唯一识别的溯源码，通过溯源码保证企业的利益。同时在源头上，所有想要进入一乡一品专区的企业及品牌产品都必须向当地乡镇的一乡一品运营商提出申请，由当地乡镇的一乡一品品牌运营商进行审核，通过后方可进入一乡一品专区。在源头上通过溯源码和乡镇运营商的审核机制建立了防止假货进入市场的双重保障机制。同时引入连带责任制，即一乡一品品牌运营商对所有经过其审核的企业品牌产品进行担保，企业售假一经发现，一乡一品品牌运营商负连带责任，情况严重者直接取缔运营商的资格以及冻结系统中所有相关收益，通过惩罚措施，杜绝假货进入市场流通。在一乡一品专区中，通过品牌溯源码、审核机制、高额惩罚措施三个方面来保证进入市场的产品一定不是假货、次货，让消费者可以放心购买货真价实的产品。

何开秀点题：
怎样开拓乡镇农业产品就地销售

农产品的销售是目前农业农村经济发展中的一个瓶颈，对这个问题要给予足够的重视，破解中如果不能够与时俱进，还是小农操作意识，这个瓶颈就很难被突破。特别是就地销售问题绝不是简单的产品销售，而是一种合作模式的突破，要调动其他资源参与到农业发展中去。把简单的买卖关系改变成合作、承包、认养、预售等各种形式的合作模式，除了调动农民的积极性以外，更重要的是要充分调动市场需求方的合作，用市场需求来引导农业发展。

我们已经非常习惯了原来的农产品批发和菜市场销售模式，现在社区超市和大超市也有农产品的销售，电商和微商也都有农产品的推送，我们无须改变这一切，只需要保证消费者购物越来越方便、产品品质越来越好、服务越来越周到。需要改变的是把过去的买卖关系变成合作关系，把你的产品变成我们的产品，把你赚钱了变成我们都丰收了，把你的风险变成我们公担的风险，这就需要我们的农业发展模式与产业接轨、与市场接轨。有关种植与产业接轨的发展模式在很多地方都非常成熟，比如四川的榨菜种植基地、魔芋种植基地，贵州的辣椒种植基地、中草药种植基地，等等，都有非常成熟的经验可以借鉴。如何才能扩大这些发展方式，就需要挖掘地方特色的产品，发展产业链才是根本。

我国的农业发展必须要重视粮食问题，这是国家必须考虑的基本任务，除此之外我们要考虑的应该是农业农村的经济作物，经济作物应该不仅限于养殖和种植以及果蔬方面。贵州有一个降香黄檀种植模式，我觉得是可以引用到其他项目上去的。

如果我们想长期解决农产品的销售问题，就必须从品种选择、品质保证、品牌塑造、数量配置、渠道建设、储存条件、物流配送、消费模式、购物途径、体验方式、技术支持、产品包装、品质责任等方面进行全面思考，全程贯通配套服务。这一定不是单枪匹马就能够解决的，更不是一个家庭、一个团队、一个公司就能够解决的，而是需要一套完整的产业链接力运营体系，从生产到销售让专业的人做专业的事，用大数据的系统技术来解决产业链的宽度，用专业的团队来挖掘产业链的深度，把每一道程序进行格式化分工，相互牵引、相互制约、相互助力、相互配合、互惠互利才能完成。

如今有大数据的数据支持，有数字系统的身份识别支持，有网上购物的在线管理，有移动终端的操作便捷，有扫码购物链接，我们只需要完善网络诚信的监督，完善品牌、品质责任制把关，就能够大大提高消费信心，让消费者放心消费，方便消费，还有福利消费。同时我们开放农业农村的发展合作方式，积极引进城市资源参与农村建设，把土地资源的价值永久地与农民的利益进行捆绑，既保护了农民的收益，也拓宽了农业农村的发展路径，为农业的科学发展、机械化耕种、自动化灌溉、功能化种植铺好了道路。

农创品牌运营股份有限公司推出的一乡一品解决方案，就是为农业农村的品牌发展和产品销售量身定做的一套落地实施方案，配合社区服务项目的落地，为农产品进入社区打通渠道，实现产品链接植入消费者移动终端、产品物源码扫码销售等，一切用产品说话。这套解决方案已经在全国各地实施落地，是值得企业去学习和应用的解决办法。这套解决方案分三个操作环节：

第一个环节是产品生产环节，我们可以通过相关组织获得相关信息，选择品种，确定数量，对接渠道，设计模式，塑造自己的品牌，挖掘自己的特色。

第二个环节是品牌销售的把关环节，我们可以参与到品牌运营商的队伍中来，为家乡代言，为消费者把关品牌产品的品质资质，规范品牌经营，销售品牌产品，组织地方产品的预购、预售、承包、认养、体验操作。

第三个环节是产品销售的运营环节，品牌产品的直供销售、代理销售、微商推送、体验店促销、物流配送、预定配送、加工配送等等，都是围绕农产品销售服务而建立的一整套服务体系。

我们要解决产品销售问题，所面对的不仅仅是品质和价格，还有买卖的平衡问题。要实现买卖平衡，就必须突破买卖关系，只有突破了买卖关系才能突破产品销售的难点。而平衡买卖关系的核心是增加消费者收益来源的途径。消费福利模式是分享经济的一种体现方式，把分享模式植入一乡一品品牌运营的过程中也是为了增加农民的收入，通过土壤改良给农民增加改良福利、种田福利。好产品福利加上消费福利，建立农民长期福利保障，让农民永无后顾之忧，才能提高农民的消费购买力。

第七解
怎样开拓乡镇农业产品就地销售

随着农业产业化与现代化步伐的加快，在县域产业升级与产业现代化程度不断提高的今天，农民千辛万苦生产出来的农产品由于各种原因，经常出现滞销或者销路不畅的问题，给农民增收带来风险。标准化生产出来的农产品如果滞销，损失会非常大。产品在由传统农业到现代农业迈进的过程中，怎么突破销售困局，怎么让生产的农产品不愁销售，是县域在发展中必须要认真对待并迫切需要解决的一个问题。

一、开展预定业务

现在县域的农产品基本上还是延续旧的销售办法，以农贸市场为主要源头，向交易集中的菜市场延伸，超市与社区菜市场结合，农民生产，商贩收购，集市销售，有些是自产自销，也有通过合作组织集中采购来销售。随着互联网的应用，乡镇农业销售也开始借着互联网平台进行农产品销售。鉴于乡镇农业存在生产端季节性波动、营销效率低下、中间商收购无法品牌化、消费者要求新鲜、直供、优质、特色等问题，很需要做好乡镇农业的就地销售，满足社会需求。

1. **农产品预定业务适用范围**

农产品预定即通过网上或其他渠道提前售卖农产品，当生鲜农产品尚未收获的时候，提前在网上售卖，将一段时间内所有消费者的订单统计后，再联系种植者进行采摘，或集中安排发货，从而让产品能够按需供应、配送，大大降低库存风险、生产成本和损耗，消费者也能够获得新鲜、高性价比的生鲜食品。这种以销定产的模式，方便商家从容地进行备货，有效规避了市场风险。

2. **农产品预定业务的实施**

农产品预定模式以销售额定产量，做到了计划资源，效率大增，预定过程中打造产品故事，提升了品牌内涵，网上直接预定无中间渠道，产销直供，客户直达，提高了收益。生鲜食品最怕两件事：一是物流不给力，二是库存有积压。水果、肉、蛋等生鲜农产品保鲜期短、易变质，生鲜类农产品受距离和供应链影响，到达消费者手中不仅价格昂贵，而且会给商家带来库存风险。预定模式以销定产，能更好地链接生产、消费两端，商家、消费者同获益。农产品预定业务需要农产品生产者提前做好市场调查、评估、宣传等工作。具体有：收集需预售产品信息，包括产品数量、产品品质、产品宣传照片等相关产品信息；发布预售产品信息，包括产品图文介绍、预售时间段、预售数量限制、预售说明、赠送优惠；统计订单数量，统一备货发货；发送信息给预订者注意查收等。消费者收货后可根据产品溯源码，追溯产品信息。

3. 农产品预定业务案例

案例一：眉山电商达人王先生从事生鲜水果的线上销售，他提前一个半月以55元一箱5斤的价格在网上进行耙耙柑预售，收到的线上订单量近两万斤。依据这样的销售情况，他最终在青神县、眉山东坡区两个柑橘种植大户订购了耙耙柑，两万斤耙耙柑预售成功。案例二：四川的"爆品"蒲江猕猴桃"双11"当日在某电商平台销售了50万斤，其中近一半是通过预售模式提前下好订单的。分析一下，通过互联网预定的农产品，带给消费者的用户体验是前所未有的，同时，消费人群与原来传统理念上的消费人群也不一样。所以，从产品设计到整个产品的包装，包括用户体验上的设计、展示文化等元素，都需要做出相应的调整。这是最终能让农产品通过电子商务走远的关键，商家需要向消费者售卖的不仅仅是产品，更重要的是良知、安全、服务和品牌。

二、现货业务

农产品生产能力的大幅度提高，使供求关系发生了很大的变化。但由于一些县域农产品流通体系不健全，农产品供求呈现区域性、结构性矛盾。一方面农产品卖难、价格低迷等供大于求现象表现明显；另一方面农产品生产显无序性、盲目性和趋同性。因此，农产品流通问题已成为影响农民收入增长，制约农业与农村经济发展的一个重要因素。

1. 农产品现货业务概念

农产品现货业务是指在季节上成熟的现货产品，比如蔬菜、水果这一类农产品只要一成熟就必须要采摘，不能在田间滞留，必须要马上采摘销售，如果销售不出去就要出现严重问题。当前，果、蔬、禽、蛋、肉类、水产品等农产品基本上形成了以批发市场、集贸市场为主要载体，以农户、经纪商、加工企业等为营销主体，以原产品和初加工品为营销客体的流通格局，主要采取现货交易形式。

2. 农产品现货业务的延伸

伴随着工业的发达和人们生活方式的改变，传统的现货销售模式已经不能满足人们体验生活的需求，农家乐的兴起在农产品的现货销售模式上有所突破，消费者直接去田间休闲采摘已经成为周末家庭旅游的热点。由于整个社会的污染情况越来越严重，健康、安全的农产品已成为现代人的奢望，农产品讲究的是新鲜地道、绿色无污染、安全健康。农产品保鲜、存储问题一直是农产品销售的最大问题。现货业务有效避免了保鲜、存储问题，现场采摘体验的销售模式让消费者第一时间享受到农产品是自己从田间采摘的，对采摘商品赋予了亲手采摘的感情。根据县域环境还可打造第三产业，生产者与消费者直接进行交易，省去了中间环节。对于农产品生产者而言，可以获得更高的经济利润，对于消费者而言则可以用经济实惠的价格体验采摘式购买。

3. 适合地区应开展农产品现货业务

王先生一家居住在城区，利用周末时间，全家去体验田园生活，享受自然风光，去了附近一个休闲农场。中午就餐前，农场负责人带领王先生一家去田园里选择想要吃的蔬菜，现场采摘，到养鸡场和鱼塘抓鸡捕鱼作为他们的午餐食材。返程的时候，王先生觉得此处蔬菜果实绿色、安全，又带回很多给亲朋们品尝。分析一下：农场让消费者直接在生产地采摘农产品的现货业务，消费者可以自由选择任一农产品，农场也是用最直接的方式把农产品销售出去，既增加了消费者的体验，又吸引了消费者购买。所以，在休闲农业发达的地方，以及旅游旺地、交通要道等人流量大的地方，很适合开展这种业务。

三、认养业务

认养农业即消费者预付生产费用，生产者为消费者提供绿色、有机食品。认养农业在生产者和消费者之间建立了一种风险共担、收益共享的生产方式，实现了农村对城市、土地对餐桌的直接对接。消费者直接从生产者手中按需认养，既可获得健康生态农产品，同时满足了城市农场主、白领农夫的需求，给农村带来了客流、信息流、资金流，同时推动了一、二、三产业的深度整合，农民也获得了更大的利润。

1. 农产品认养业务适用范围

认养用户以城市消费者为主，这类消费者一般苦于身边没地，但又追求健康生态农产品，便选择在农村认养一头家禽牲畜或认种一块地、一棵树，最终收获的农产品归消费者所有。以认养葡萄树为例，认养人在整个葡萄园里挑选一棵认为有潜力的果树，然后挂上认养牌，平时由果园工人负责养护，到了葡萄成熟的季节，这棵树上的所有葡萄就归认养人了。认养中，由于农产品生长过程中存在如自然灾害等不可抗力性，对双方来说，需要共同承担风险、共同享受收益。一切能以单个单位计量的农产品均可以认养。最常见的是认养一头猪、一头牛、几只鸡鸭、一棵果树或几亩地。生产者需要诚信告知消费者认养产品的产量，产品是否配送、是否提供产品包装等一系列细节。

2. 农产品认养业务的实施

在认养业务的实施中，认养模式基于产品定制化开展，认养的前提是产品有优势，用户信得过，农产品生产者可通过多种方式发布认养信息，消费者根据自身的需要选择认养物，最终达成认养协议。消费者认养后，为所认养的产品做上标记，待成熟时收获，按量生产，农产品滞销风险降低。通过认养产品的展示平台等通联手段，用户能够看到农产品长势如何。通过直播功能，用户可以看到生长环境、如何灌溉、喂食等一切情况，生产者还能上传养殖档案，用文字更加详实地记录整个过程。同时，用户在休闲时期也以亲自到认养现场去喂养认养物，体验农户生活。待产品成熟时，用户采摘，生产者还可提供包装、深加工等服务。

3. 农产品认养业务案例分析

某农户家有100多棵桃树做了认养业务，消费者通过平台挑选了一棵认为有潜力的桃树，然后挂上认养牌，认养一年。农户家的桃树每棵年均产量约300斤，农户便向消费者承诺如无任何外力影响，这棵桃树至少有300斤果子，等成熟后，如果桃树达不到均量，而其他果树生长正常，农户承诺补齐至300斤。农户按照双方在合同中签订的种植标准种植，平时果园工人负责养护，成熟之后，按约定消费者到果园采摘。如果是认养生鲜类农产品的话，增值服务除了配送之外，还可以提供宰杀、制作腊肉、腌肉等附加服务。分析一下：农产品认养使整条产业链由过去的"产供销"变成了"供销产"，随着农业基础设施不断完善、种植标准不断提高、农产品品质升级，认养农业将会大受追捧。传统农业行情只限于产品价格，而认养模式除了产品，还会提供一系列完整的附加服务，比起产品本身的价值来说，额外的服务以及对于产品的二次开发实现了农产品增值。

四、承包业务

随着人们生活水平的逐渐提高，相比于传统的农产品供销模式，现在越来越多的人愿意吃自己亲手种植出来的果蔬、亲自养出的生鲜。通过对土地、果蔬等的承包，忙碌的都市人可以参与农业生产的各个环节，并可随时带上家人，享受充满农家乐趣的时光。

1. 农产品承包业务适用范围

农产品承包业务一般指的是一个团体或者个人在农产品商家处承包一块土地、一片果林、一个养殖基地、一口鱼塘等，承包者对承包下来的土地或者其他可以自由决定做什么，既可以自由种蔬菜、瓜果也可以聘请当地商家协助种植，待成熟时自行采摘。承包之后一切责、权、利由承包者自行承担。任何企业、单位、家庭或者个人都可以选择农产品承包。

2. 承包业务的产品销售攻略

承包业务所生产的农副产品都需要销售，因此都需要一种适合自己的运营模式。目前有几种市场运营模式比较成功。一是"农产品+网络直播"。网络直播方式，恰恰解决了消费者的信任度的问题，直播鸡的生长环境、鸡每天的生活状态及所吃食品，甚至连蛋的生产过程都全程给消费者直播，这就消除了消费者对食品的信任度的问题。在科技发达的今天，移动支付问题得以解决，消费者不再担心付钱收不到货的问题。二是"农产品+可视农业"。现在，各行各业都要求产品生产过程透明化，特别是农产品，催熟剂、抗生素的滥用，都在不同程度地对消费者产生不利影响。"可视农业"主要是指依靠互联网、物联网、云计算、雷达技术及现代视频技术将农作物或牲畜生长过程的模式、手段和方法呈现在公众面前，包括饲料、生长环境、生长过程等全程展示给消费者，这种模式让消费者放心购买优质产品。

众多的"可视农业"消费者或投资者，利用网络平台进行远程观察并下达订单，他们在任何地方通过可视平台都可跟踪消除生产者与消费者之间的信任危机。三是"认养模式"。通过认养的方式，让客户参与到养殖中来，一方面减少人工养殖成本，一方面提前将产品销售出去，长大后直接就有客户过来带走，很大程度上解决了农产品滞销的问题。四是"农产品+直销店"。该模式解决的是产地到餐桌的问题，减少了中间渠道，降低农产品的价格，提高农产品的质量与用户的互动。但直销店要求农产品的质量相对较高，品牌优势明显的农庄才玩转得动。五是"农产品+社群"。现如今，人们每天遇到朋友都会聊聊生活，吃的玩的，有什么好吃的都会分享给邻里邻居。社群就是将一群爱好相同、兴趣一致的人结合在一起，例如榴莲吃货群、有机樱桃群、水果之王等。而且这些都是精准客户，都是对某一产品有需求的忠实粉丝，若产品足够好，客户不但不会流失，相反他们还会拉更多的客户进来消费。

3. 承包业务成功案例

漯河90后女大学生承包500亩土地创业，年利润80多万元，在自身创业发展的同时，她又带动村里的妇女进行就业，增加其家庭经济收入，并帮扶了村里的几户贫困户。2016年6月她大学毕业后，在父母的支持下承包土地，种植蔬菜、水果等。还逐步引入餐饮、采摘、垂钓等项目，打造休闲农庄。由于农场比较大，她常会雇村里的妇女来干活，实行八小时工作制，一天下来大概是40元的工资，大多都是家里有孩子或者有老人，没法出门打工，农忙的时候会雇到20多名工人，给村里的人提供了一些就业岗位。

五、体验业务

体验式营销很好地融合了产品与消费者，缩短了两者之间的距离感，让越来越多的农产品销售场景化。当消费者身临其境，与产品实现了亲密接触，又怎会轻易忘记农产品味道呢？当然，由于消费者需求日渐多样化，如何能够与时俱进，持续地满足消费者的需求，给体验式营销提出了更高的要求。

1. 体验业务融合了农产品与消费者

农产品体验业务指的就是让消费者做农产品的实物体验，试吃试喝，相互对比。耳听为虚，眼见为实，真听、真看、真感受，让消费者用最直观的方式体验农产品，而达到认可、宣传、销售的方式。体验营销是理性和感性综合的营销、个性化的营销、参与与互动的营销、持续性的营销。农户种出来的蔬菜水果，不管是哪种吃法，都有它最原始的味道，但有些味道是无法用言语表达的，有些甚至"只可意会，不可言传"，比如什么是番茄味、什么是土豆味、什么是艾叶味等，只有直观化的呈现，才能说清楚。再如，好的食材煲出来的汤味道具有丰富性和层次性，但是什么是味道的丰富性和层次性，这就不好说了，所以这就需要试吃体验。与大规模生产和快速生长的农产品相比，自然生长的农产品成本较高，价格也因此相对较高，如果不体验销售，别人不试吃就不知道产品的好，销售就会遇到阻碍。体验则用最直观的方式让消费者接受农产品，双方受益。体验业务很好地融合了农产品与消费者，缩短了两者之间的距离，让越来越多的农产品销售场景化。当消费者身临其境，与产品实现了亲密接触，就不会轻易忘记农产品味道。

2. 农产品体验业务的实施

体验业务一般都是一次性消费。所以体验业务的基础是产品的质量问题，把产品做到极致，把农产品的优势和产品的亮点结合起来，配合着外部的包装设计营销手段，才能真正地打动用户。通过对产品环境、包装设计等方面的精心打造，让产品或者服务满足用户的好奇心、尊重感，通过体验让用户对产品本身产生好感与认同。在体验营销活动中，要做专业讲解，让用户知其然，并知其所以然。这样就能凸显专业性，进而树立品牌形象。至于实物演示，就是拿出实物来演示。它可能要借助仪器设备，比如水果糖度检测仪、水果成熟度检测仪、农残和重金属检测仪等等。能够非常科学和直观地展示农产品的质量和品质。讲完之后，可以引导用户关注我们或加入社群，从而牢牢"锁住"用户。能提升品牌专业度和销售转化率。

3. 利用社区做好农产品体验

就农产品而言，社区是农产品体验的一个重要渠道。由和睦社区网络科技股份有限公司负责实施的社区服务项目，依托国家分享经济实施平台的技术支持，在全国八万个社区服务站开设全国一乡一品农产品专营店，把社区居民与农产品直接对接起来。社区服务站服务内容广泛，其中涵盖组织线下营销活动。对农产品商家来说，这是做体验营销的绝好机会，农产品商家可利用一乡一品运营商打造自己的品牌，进驻到社区服务站，利用社区进行农产品体验。

4. 农产品体验业务案例

香河县有一位养殖黑猪的农场主，采用体验式营销招募会员一起来养猪，付费会员可以参与农场各项活动，还可以带朋友一起来品尝猪肉流水席，既提升了消费者对黑猪的认可，又拓展了会员规模，进而提高了销售价格，提升收益。武平县桃溪镇的一名女大学生通过电商把武平的原生态农产品推向全国，她与农户们拉家常，用手机演示电商平台的运作，普及新农业知识，农户纷纷选择和她建立起长期的合作关系。她觉得光靠电商还不够，于是成立了一家原生态农产品体验馆，让消费者直接尝到来自大山深处的农产品，不仅增强了客户的体验，还将线上与线下销售完美结合，每年的销售额都过百万。

六、科学实验业务

科技推进创新，创新驱动发展。在这个日新月异的大环境下，任何产业若想要取得突破性的进展或是维持经久不衰的生命力，决然不可以忽视科技的力量。农业作为第一产业，是国民的命脉，社会的根基。农业绝不是落后、低效的代名词，一旦科技与农业结合，对于人民的生产生活将有着直接的好处。

1. 弄懂农产品科学实验业务

科学实验是指根据一定目的，运用一定的仪器、设备等物质手段，在人工控制的条件下，观察、研究自然现象及其规律性的社会实践形式。而农产品科学实验业务则指的是农产品商家把农产品在土壤里自然生长的这一过程及其结果借助一定的手段、方法科普给广大消费群体，让广大消费群体知道不同的土壤，不同的季节、气候、温度、湿度等环境下的产物各有什么品质、特色等，利用科普的手段盈利。

2. 应对农产品质量安全问题

我们处于第三次科技革命的时代，在这个大环境下，每一次技术的革新都可以看作是一次产业革命。因为一旦将这些优秀的科技成果应用于生产生活当中，会使人们拥有更加便利、安全、高质量的生活形态。食品安全问题是我国一直关注的问题，我国是农业大国，随着农业的蓬勃发展，大量的农产品走上市场，增加了农民收益。与此同时也带来了一系列农产品质量安全问题，农业的发展要以安全为保障，否则一切都是空想。农产品科学实验是很有必要的，它可以充分利用科技的力量来检测食品元素是否达到安全标准，人们是否可以放心地去购买市场上的农产品。农产品质量安全监管就是坚持以人民为中心地发展思想，坚持创新、协调、绿色、开放、共享的发展理念，在科学实验的科技之眼下，让有害农产品无所遁形，让人民生活安全得到保障。

3. 进行科学实验增强安全意识

农产品安全把关通常面临两个问题：一是肉眼的洞察能力终究是有限的，一个人的知识再渊博也无法去清楚地辨别出每一种农产品的农药残留成分是否在安全标准以内；二是农户可能存在侥幸心理，一旦检察人员的判断出现了失误，那么一些不达标农产品就可以蒙混过关了。所以，科学实验业务开展以后，能够满足对粮油、蔬菜、水果、茶叶、畜禽产品、水产品以及兽药、饲料、肥料、农业环境等的农药残留、重金属、微生物等参数的检测，科技的眼睛不会骗人，任何数据都会真实呈现。这样，就会促动农户和农资业主有意识地增强安全意识，形成了一种观念，就是一定要把农产品质量安全放在第一位。当大家都关注农产品安全以后，就为构建农业品牌制度，提升无公害农产品、绿色食品、有机农产品、地理标志等农业品牌影响力和带动能力，打造知名品牌、企业品牌、合作社品牌和农户品牌，实现可持续发展奠定了可靠基础。

参考文献：

1. 尹梁宇，梁平. "科技之眼"洞察农产品安全[OL]. 华龙网，[2017-02-27]. https://baijiahao.baidu.com/s?id=1560477872893556&wfr=spider&for=pc.

2. 刘佳. 做好预售，生鲜网销不漏网[OL]. 四川农村信息网，[2017-12-07]. http://www.scnjw.gov.cn/bz/article/76658cb7-db07-11e7-ad3b-8f88de42bf91/.

3. 悦独思考. 农产品电商互联网营销系列：体验营销篇[OL]. 东方头条，[2018-07-22]. http://mini.eastday.com/a/180722185520449-2.html.

4. 佚名. 农业的认养模式，绝不只是在"意淫"[OL]. 今日头条，[2018-08-25]. https://www.toutiao.com/a6576541819033616910/.

何开秀点题：
怎样发展农村休闲旅游业

随着科技自动化的全面发展，传统概念的生活方式会不断被突破，传统的创业就业模式也会被突破，选择自由职业的人会越来越多，消费者的空闲时间也会越来越多。如何更好地调动消费是下一轮经济发展的热点问题，而创新消费就是企业发展的方向。

如何创新消费？我们要从消费者需求方面去挖掘。人类的第一个需求应该是解决温饱问题，也就是生存需求，如衣、食、住、行。如果我们已经完全解决了基本温饱问题，接下来应该是我们的后顾安全问题，如果我们已经解决了生存基本保障，有养老保障，有医疗保障，没有了后顾之忧，我们就会提高生活品质，要健康、要交流、要朋友、要亲情、要友情、要爱情、要有归属感，从获得他人尊重到获得社会认可而实现自己的人生价值。

满足不同层面人的需要，将是农村休闲旅游业可以大展的空间。我们可以从物质层面、社会层面、精神层面三个层面，设计不同层面的服务内涵，满足不同层面人的需求，推出不同层面需求的服务业务，建立不同需求的服务环境。比如农村休闲旅游业项目的开发，完全可以从不同的三个层面来提供服务。物质层面的搞旅游度假、休闲游玩、特色购物、丰收季节的采摘游，等等；社会层面则可以挖掘更多的旅游科目，比如宗亲文化游、民俗文化游、节日文化游、传承文化游、亲情文化游、家族文化游，等等；精神层面可以调动祖籍人士回乡建设，为他们创造环境、完善条件、提供服务，让他们到家乡来搞投资建设，造福家乡的一方百姓。

目前乡村休闲旅游业在很多城市附近的乡村已经比较成熟，只是技术支持平台的组织者相比市场发展要求略显乏力，主要就是产业链没有形成，买卖双方的信息还没有对称，硬件设施与软件服务都没有匹配到位，城市需求与农村发展的频率还没有同步，之间有很大的空间有待我们去挖掘。有些项目我们无法依靠地方资源，需要引进人才、资金、组织形式、操作模式，我们要为引进铺好路，种下梧桐树引得凤凰来。农创品牌推出的一乡一品的品牌运营商机构能够抓住时代的机遇，组织相关资源，承上启下对接乡镇旅游业，推进其发展，讲好本乡镇的故事，组织好本乡镇资源，引进城市资源，协同发展乡镇旅游业。

目前有很多乡镇在大搞特色小镇建设，我倒是觉得我们的特色小镇不是钢筋水泥堆出来的，而是靠乡村文化、青山绿水、民风民俗、民居乡情、地方风味、地方特产、历史传承、诚实守信、朴素真诚等体现出来的。

第八解
怎样发展农村休闲旅游产业

乡村旅游以具有乡村性的自然和人文客体为旅游吸引物,依托农村区域的优美景观、自然环境、建筑和文化等资源,在传统农村休闲游和农业体验游的基础上,拓展开发会务度假、休闲娱乐等项目的新兴旅游方式。国家高度重视乡村休闲旅游产业发展,农业部办公厅《关于推动落实休闲农业和乡村旅游发展政策的通知》中要求,促进引导休闲农业和乡村旅游持续健康发展,加快培育农业农村经济发展新动能,壮大新产业新业态新模式,推进农村一、二、三产业融合发展。充分发挥物质与非物质资源的独特优势,利用"旅游+""生态+"等模式,推进农业、林业与旅游、教育、文化、康养等产业深度融合。

一、农家乐旅游

农家乐旅游模式即指农民利用自家庭院、自己生产的农产品及周围的田园风光、自然景点,以低廉的价格吸引游客前来吃、住、玩、游、娱、购等旅游活动,是农民为大家提供的一种回归自然从而获得身心放松、愉悦精神的休闲旅游方式。农家乐周围一般都是美丽的自然或田园风光,空气清新,环境放松,可以舒缓现代人的精神压力,因此受到很多城市人的喜爱。

1. 国家提供政策机遇

中央一号文件《大力发展乡村休闲旅游产业,扎实推进脱贫攻坚》指出,丰富乡村旅游业态和产品,打造各类主题乡村旅游目的地和精品线路,发展富有乡村特色的民宿和养生养老基地。鼓励农村集体经济组织创办乡村旅游合作社,或与社会资本联办乡村旅游企业。多渠道筹集建设资金,大力改善休闲农业、乡村旅游、森林康养公共服务设施条件,在重点村优先实现宽带全覆盖。完善休闲农业、乡村旅游行业标准,建立健全食品安全、消防安全、环境保护等监管规范。支持传统村落保护，维护少数民族特色村寨整体风貌，有条件的地区实行连片保护和适度开发。《中共中央国务院关于实施乡村振兴战略的意见》强调，在乡村振兴战略实施路径和措施上，赋予旅游业以光荣的使命——打造乡村生态旅游产业链。此举将有利于构建新型乡村经济体系，使旅游业成为促进乡村经济发展、文化复兴的重要新动能之一。2017年《政府工作报告》明确提出，要完善旅游设施和服务，大力发展乡村、休闲、全域旅游。可见，在党中央和国务院的顶层设计中，乡村旅游已经上升为国家战略。

2. 农家乐的可持续发展

农家乐作为中国农民创出的一种新型的乡村旅游形式，满足了人民生活水平提高对旅游消费的需求。其主要特色一是突出"农"为基本的经营理念，包括农业、农民、农村，其中农民是经营的主体，农家活动是主要内容，乡村是大环境。只有充分利用"三农"资源，发展以"农"字为核心的农家乐，才能使其成为具有"农"味的乡村旅游。二是依托"家"为基本的经营单元。农家乐一般应以家庭为单位，利用自家的房屋、土地、产品、人员发展农家旅游。所以，农家乐应体现"家"的形态、家的融合、家的温馨、家的氛围。三是提供"乐"为经营的根本目的。农家乐应为游客提供"乐"的产品，它不仅包括打牌、卡拉OK、唱歌等，还应包括采摘、垂钓、参与农事和节庆活动，还包括农耕文化、民俗风情的展示和欣赏，让游客乐在其中。四是迎合大众的心理为经营目标。随着工业的大规模发展，城市雾霾严重，空气质量差，紧张的工作之余，人们渴望乡村大自然的清新空气，而农家乐可以提供在城市里享受不到的惬意与放松，不需要背起行囊出远门，说走就能走，轻松易实现。农家乐旅游的方式主要包括利用田园农业生产及农家生活等吸引游客前来观光、休闲和体验，利用当地民俗文化，吸引游客前来观赏、娱乐、休闲，利用古村落和民居住宅，吸引游客前来观光旅游，利用优美的环境、齐全的设施，舒适的服务，为游客提供吃、住、玩等旅游活动，利用舒适、卫生、安全的居住环境和可口的特色食品，吸引游客前来休闲旅游，利用农业生产活动和农业工艺技术，吸引游客前来休闲旅游等。

3. 一乡一品助力农家乐旅游

农家乐旅游的发展，对扩大农民就业，增加农民收入，促进农村经济发展起到了明显作用。而打造一乡一品特色的农家乐，建设拥有一乡一品的特色村更是农家乐发展的一个正确方向。传统的一乡一品概念，大多停留在产品范畴，而升华的一乡一品特色村理念，"乡"是指"我的家乡"，"品"也不再是狭义的产品或品牌，而是"品家乡风味，品地理人文，品历史传承"，挖掘家乡的特色文化和打造地方名片。一乡一品特色村即是把自己的家乡打造成具有特色的农家乐旅游品牌，推动地方经济、提高百姓收入、协助政府完善民生福利。通过一乡一品联动全国4万多个乡镇，以地方特色、人文风情、民风民俗、历史传承等为重点，打造特色村，为农特产品建立"产供销"一体化服务体系提供规范有序、可持续盈利的创业项目和技术支持，同时引入定向消费计划和品牌打造计划，实现渠道建设、品牌推广及消费终端同步共享，让特色村真正能"柳暗花明又一村"。

二、乡村游

乡村生态旅游被认为是全球性的"朝阳产业"，是促进经济持续、快速、健康发展的新举措，是推销名优特产品的重要途径，是筑巢引凤招商引资的好契机，是加强城乡交流、提高农民整体素质的新思路，是调整农业产业结构、构建人与自然和谐环境的重要一环，是建设社会主义新农村、实现农业现代化的重要因素。乡村旅游把自然、民族文化和农耕文化融入到传统旅游文化中，丰富了旅游业的内涵，随着旅游业与农村、农业的不断融合，将进一步带动农村各方面基础设施建设不断发展，成为新兴消费需求。

1. 找到乡村游存在的问题

乡村旅游促进了社会资源和文明成果在城乡之间的共享以及财富重新分配的实现，并为地区间经济发展差异和城乡差别的逐步缩小、产业结构优化等做出很大贡献。同时，在发展模式、发展特色、发展规划等方面也暴露出一些问题，制约了乡村旅游的进一步发展。主要表现为：

一是缺乏统筹规划。乡村旅游发展所在地，很多是经济发展落后的地方，因此，资金不充足，导致很多乡村旅游缺乏合理规划，最终导致乡村旅游发展的总体形象、发展战略以及发展布局、发展目标不明确，乡村旅游发展与初衷出现偏差。二是旅游产品独特性缺乏。乡土气息是乡村旅游的特质，也是发展乡村旅游的重点打造对象，然而随着乡村旅游的不断发展，很多地区忽视了这一点，逐渐趋于大众化旅游，造成产品的同质化现象，忽略了乡村旅游游客的参与性项目。三是季节性因素导致资源的浪费。大众旅游中旺季"人看人，人挤人"，淡季则"旅店关门、旅游基础设施搁置"。四是"硬"服务与"软"服务有待提高。"硬"服务是乡村旅游发展所依托的基础配套设施，"软"服务是旅游服务本身应该具有的服务也需要进一步提升。

2. 设计好乡村游发展模式

在开发模式上，一个是可采取"公司+农户"开发模式。通过引进有经济实力和市场经营能力的企业，进行公共基础设施建设和改善环境，指导乡村居民开发住宿、餐饮接待设施，组织村民开展民族风情、文化旅游活动，形成具有浓郁特色和吸引力的乡村旅游产品，吸引和招徕旅游者。这种开发设计充分考虑了农户利益，在社区全方位地参与中带动了乡村经济的发展。在参与式乡村旅游的开发中，这种开发还可演化成"公司+社区+农户"开发，公司先与当地社区（如村委会）进行合作，通过村委会组织农户参与乡村旅游，公司一般不与农户直接合作，但农户接待服务、参与旅游开发则要经过公司的专业培训，并制定相关的规定，以规范农户的行为，保证接待服务水平，保障公司、农户和游客的利益。另一个可采取"政府+公司+农村旅游协会+旅行社"开发模式。通过合理分享利益又各司其职，政府负责乡村旅游的规划和基础设施建设，优化发展环境，乡村旅游公司负责经营管理和商业运作，农民旅游协会负责组织村民参与地方戏的表演、导游、工艺品的制作、提供住宿餐饮等，并负责维护和修缮各自的传统民居，协调公司与农民的利益，旅行社负责开拓市场，组织客源，避免乡村旅游开发过度商业化，保护本土文化，增强当地居民的自豪感，从而实现乡村旅游可持续发展。再一个是"农户+农户"开发模式。这种开发投入较少，乡村文化保留最真实，游客花费少还能体验最真的本地习俗和文化，是最受欢迎的乡村旅游形式。还可以搞股份制开发模式。在开发乡村旅游时，可采取国家、集体和农户个体合作，把旅游资源、特殊技术、劳动量转化成股本，收益按股分红与按劳分红相结合，进行股份合作制经营，把社区居民的责(任)、权(利)、利(益)有机结合起来，引导居民自觉参与他们赖以生存的生态资源的保护，从而保证乡村旅游的良性发展。

3. 保护好生态环境

乡村休闲旅游与乡村自然生态的可持续发展不应以牺牲生态自然环境为代价。建设与自然环境和谐的乡村休闲旅游，须把握适度的开发速度，控制接待人数，增强生态环境保护意识。一是要有序有理有节制。加强乡村休闲旅游建设的有序开发，出台一些开发的法律法规的文件，按法律法规去做。贯彻对生态资源环境保护的原则。做到开发前的调研和可行性开发的科学论证，开发规划要先行的原则，做好可持续的发展论证和充分的市场调研。二是要合理利用自然资源。保护环境和自然风光是乡村旅游发展的前提，没有良好的自然风光和环境为依托就没有乡村旅游的可能性。三是要做好环境承载力布局。休闲旅游的环境包含社会、经济、自然环境在内的复合环境系统，需在旅游环境和承载能力内去做旅游的规划方案，测定承受旅游的接待人数。四是要增强意识加强观念。从乡村休闲旅游的现状出发，加强环境立法的管理，同时让每个人都知道自然生态的保护，就是保护我们赖以生存的家园，做到学习大自然、热爱大自然、保护大自然，形成可持续发展的势态。

三、民俗节日游

我国民俗旅游资源丰富，许多地方的民俗成为当地主要的旅游项目，传统节日旅游的广泛开展，更使人们的节日旅游生活日益丰富，特别是在少数民族聚居地，随着政府对民俗旅游重视的加强，民俗旅游业迅速发展，开始举办各种特色的民俗旅游和民俗节日游活动，出现了一批批民俗村、文化村、民俗博物馆、古街、古城等。

1. 民俗节日游为传统节日添彩

民俗旅游资源的开发，不仅带来了文化效益和经济效益的双赢，也为社会经济和文化的发展做出了贡献。民俗节日游是以传统的民俗节日活动为主题，以举办大型节庆活动为形式而进行的一种民俗旅游开发模式。我国有56个民族，幅员辽阔，少数民族大都拥有自己的节日。即使同一个节日，南北各地也有着不同的传统习俗和表达方式。如农历"三月三"壮族的歌圩节、彝族的火把节、云南的泼水节、西藏的雪顿节、内蒙古的"那达慕"、贵州的苗年节；又如福建的妈祖节、南京的秦淮庙会、潍坊的风筝节、曲阜的孔子节、象山的"开渔节"、溱潼的"会船节"等等。多年来，各地打造和培育了许多现代节庆活动，已经成为一些城市和地方的"名片"。丰富多彩的特色民俗活动常常让游客应接不暇，让游客充分体验到了传统文化的魅力，不仅释放了传统节日的文化内涵，也引导旅游文化消费从单一性低层次向多样性高端化发展。

2. 民俗旅游需提升和拓展空间

民俗旅游和民俗节日游扩大了旅游的范围，提升了当地的旅游目的地形象，也让很多人"因为一个节，恋上一个地方"。不过在发展过程中也存在不少问题，无论在文化内涵的挖掘上，还是在活动内容和形式的创新上，尤其在传统节日旅游产品和服务供给上，还不能满足大众的需求，有很大的提升和拓展空间。主要表现为，一是民俗文化被淡化，以无锡的吴文化公园为例，它是一个以挖掘吴地民俗文化而成功的主题公园。人们在这里可以欣赏吴地几千年的传统风俗文化。然而它在国内的知名度并不高，报刊上很少见到宣传、介绍它的文章，这很不利于组织客源。二是民俗文化被同化，特别是异地、异国文化的介入，使旅游地的民俗文化被冲淡和同化。如湘西在未开发之前保留着大量淳朴的民风和民情，然而，当国外旅游者进入后，取而代之的是衬衣、西装，各种流行的长短裙，穿民族服装的人少了，铺着青石板的街道和具有民族特色的吊脚楼被柏油马路和水泥建筑取而代之，当地的传统与文化逐渐消逝。三是民俗文化被庸俗化，民俗旅游资源被信手拈来，随心所欲开发，随意照搬、盲目建设、重经济轻文化。如在桂林有些地方，以民俗风情表演为幌子进行强制"捐献"，结果游客大呼上当，于是对它敬而远之。还有些地方在优美的旅游胜地搞起《西游记》《封神榜》等所谓文学名著景点，不仅工艺粗糙，而且用封建迷信甚至恐怖的东西来招揽游客，最终也落得个"门前冷落车马稀"。所以，需要合理地开发和利用好民俗文化旅游资源，避免开发中破坏民俗的行为。

3. 民俗节日旅游可有多种形式

民俗旅游和民俗节日游都是以农村风土人情、民俗文化为旅游吸引物，充分突出农耕文化、乡土文化和民俗文化特色，开发农耕展示、民间技艺、时令民俗、节庆活动、民间歌舞等旅游活动，增加乡村旅游的文化内涵。民俗文化具有鲜明的原始性、地方性和民族性。从旅游文化的角度来说，具有奇特性和区域垄断性，因而要根据资源优势，采用不同的模式。民俗节日旅游分为民俗节日和民俗活动两种类型。民俗节日如傣族的泼水节、福建的妈祖节和藏族的达玛节、林卡节等都是这些地区和民族的传统节日，现在都被开发成独具特色的专题旅游活动；民俗活动如潍坊的"国际风筝节"、海南的椰子节、新疆的葡萄节、内蒙古的那达慕大会、吴桥的杂技节和岳阳的国际龙舟节都是大型的主题民俗节庆活动。农耕文化游要利用农耕技艺、农耕用具、农耕节气、农产品加工活动等开展农业文化旅游；民俗文化要利用居住民俗、服饰民俗、饮食民俗、礼仪民俗、节令民俗、游艺民俗等开展民俗文化游；乡土文化要游利用民俗歌舞、民间技艺、民间戏剧、民间表演等开展乡土文化游；民族文化游要利用民族风俗、民族习惯、民族村落、民族歌舞、民族节日、民族宗教等开展民族文化游。

四、文化游

文化旅游是指通过旅游实现感知、了解、体察人类文化具体内容之目的的行为过程。泛指以鉴赏异地传统文化、追寻文化名人遗踪或参加当地举办的各种文化活动为目的的旅游。中国文化旅游可分为以下四个层面：以文物、史记、遗址、古建筑等为代表的历史文化层；以现代文化、艺术、技术成果为代表的现代文化层；以居民日常生活习俗、节日庆典、祭祀、婚丧、体育活动和衣着服饰等为代表的民俗文化层；以人际交流为表象的道德伦理文化层。寻求文化享受已成为当前旅游者的一种风尚。在我国，发展旅游业，开展文化旅游是相当重要的，它不仅可以增强产品吸引力，提高经济效益，还可大力弘扬中国文化，让世界了解中国，同时也可改变越来越多的中国人不懂中国文化这一状况。

1. 文化游诠释旅游文化魅力

文化旅游作为一种全新的体验形式已经成为现代旅游业发展的新亮点和突破口。文化旅游可以用独特的文化内涵和文化魅力诠释旅游，又可以用旅游更好地传播特色文化、提升文化软实力。近年来，依托文物、建筑群、遗址等文化遗产，通过节庆、研讨、演出、展览、交流合作等形式，各地纷纷借助文化遗产地，打造文化名片。文化旅游的过程是旅游者对旅游资源文化内涵进行体验的过程，它给人一种超然的文化感受，这种文化感受以饱含文化内涵的旅游景点为载体，体现了审美情趣激发功能、教育启示功能和民族、宗教情感寄托功能。文化旅游产业在经济社会发展中有着至关重要的作用，不仅对经济结构调整、区域经济协调发展、扩大对外开放具有重要作用，而且是满足人民群众日益增长的文化需要、提高人民生活水平、构建和谐社会、实现全面协调可持续发展的重要途径。

2. 文化旅游发展的对策建议

近年来，我国文化旅游产业获得较快发展，博物馆、主题公园等多种形式的文化旅游日渐繁荣，市场规模持续扩张，旅游效应不断增强，并呈现出新的发展趋势。在此背景下，要制定切实可行的对策，才能实现文化旅游的可持续发展。

首先，要把准并顺应文化旅游的发展趋势。第一，发展形式更加多元。在发展初期，文化旅游还仅是作为自然观光旅游的补充，旅游形式及产品类型相对简单。随着多年快速发展，文化旅游呈现出旅游形式多样化和产品类型多元化的发展趋势。第二，产品开发强调主题。文化旅游的兴起，也引发了粗制滥造、模式抄袭、同质开发等不良现象。为避免千篇一律，各地区都在加大对文化旅游资源的主体化开发，打造独具特色的文化旅游产品，以提高市场竞争力。第三，文化元素加强组合。文化旅游的核心是文化，文化元素的组合至关重要。在文化旅游资源开发中，将自然环境、历史背景、文化载体等不同文化元素整合，已成为文化旅游走向精品化和特色化发展的重要举措。第四，技术应用信息化。在信息时代中，文化旅游的发展离不开现代信息技术支持。利用好电商、大数据、云计算、人工智能等先进技术，对文化旅游发展大有裨益，也是未来文化旅游发展的主要方向之一。

其次，要拿出响应的发展对策。第一，做好资源评价，明确开发方向。文化旅游资源的开发，首先要进行科学、全面、综合分析，进而明确品质、特质、定位，最后确定开发的主题方向，以保障文化旅游资源的合理开发利用。第二，加强市场调研，定位目标市场。由于文化旅游产品不断增加，市场竞争日趋激烈，必须做好市场调研工作，明确目标市场、规模与前景，才能进行针对性地营销推广，实现差异化竞争。第三，整合文化内涵，合理开发产品。文化旅游中的文化内涵丰富，表现形式多样。在开发过程中要注重整合文化内涵，将无形、有形的文化元素组合，合理开发相关产品，形成文化旅游产品优势。第四，协调利益关系，健全发展机制。

目前，文化旅游产业发展主要靠政府主导，但实际上应靠旅游开发商、当地政府以及目的地居民等利益相关者共同推动。因此，今后发展文化旅游产业，要协调好利益各方关系，实现文化旅游产业的持续和健康发展。

3. 促进县域文化旅游发展

文化旅游产业作为一个关联度高、附加值高、牵动面广的朝阳产业，对加快经济社会发展，促进就业增收，激发社会发展活力具有不可替代的推动作用。通过文化旅游产业的不断推进我们深刻认识到文化旅游产业在"扩内需、保增长、调结构"中发挥着重要作用，也强烈感受到文化旅游产业发展具有一种综合的效应，对于提升县域形象、改善投资环境、增强县域吸引力、增加当地居民对本县文化的认同感，都具有重要意义。县域文化旅游产业发展应从以下几方面着手：

第一，制定一个好的规划。要及时为文化旅游产业制定相关的规划，为产业发展提供坚实的保障。文化旅游产业发展规划的制定，要充分考虑国际国内及区域经济发展态势，对县域文化旅游产业发展的定位、产业体系、产业结构、产业链、空间布局、经济社会环境影响、实施方案等制定科学计划。更加注重发挥比较优势和地方特色，明确产业格局，合理选点定位、精心选择主导产业、明确发展方向以及发展重点。第二，找准一个强的产业。在发展文化旅游产业工作中，要全力打造乡村旅游，开发农家乐休闲度假特色村，提升古镇文化品位的成功经验。一是要项目带动。以文化旅游为文化产业发展的突破口，珍惜良好的发展态势，努力实施地方文旅发展战略，逐步发展成为独具特色的文化产业。二是要用品牌带动。大力打造富有地方特色的文化品牌、名人故居与文化区文物品牌、乡村旅游品牌，使文旅产业成为新一轮发展中的新的经济增长点。第三，出台一套务实的政策。要根据地方实际，在执行国家产业政策的前提下，通过深入细致的调研，完善文化旅游产业相关政策，使之更具有科学性、合理性、前瞻性、可操作性。要把发展文化旅游产业与工业一同对待，享受相应的扶持政策，确保最大限度地发挥产业政策在调整县域产业结构、优化产业组织、实现资源优化配置的效应，体现产业政策的精髓。第四，创新一套新的体制。文化产业发展涉及众多行业，需要综合协调。一是要进一步加强对文旅经济发展工作的领导，健全组织机构，建立关于加快文化旅游产业发展的长效机制。二是切实加大公共服务网络设施建设体系的投入力度，坚持政府主导、社会参与、群众共建共享。第五，要建立一系列人才保障机制。一是建立灵活的人才引进机制。对文化人才实行突破户口限制，突破部门、地区界限，简化人才引进手续。二是制定可行的人才激励制度。积极扶持乡土文化能人、民间文化传承人特别是非物质文化遗产项目代表性传承人，开辟民族民间文化人才职称评审序列，建立相应的补贴和激励制度。三是落实优惠的人才使用政策。利用优惠政策引导文艺工作者、经纪人、企业家大力发展文化旅游业、图书出版发行及影视音像业、艺术培训展演及歌舞娱乐业、体育健身业等各类文化产业，扶持、培养、造就一批知名的文化企业和文化企业家。四是推行合理的人才培养办法，建立文体旅游业务培训和继续教育制度。同时，通过县职业高校开设应用课程，大力培养旅游、蚕桑、茶叶、工艺饰品等相关专业的人才，为产业发展提供人力资源的支持。

五、特色餐饮游

美食旅游是一种寻求审美和愉悦经历的新颖旅游形式,是以享受和体验美食为主体的具有社会和休闲等属性的旅游活动。民以食为天,乡村旅游发展的过程中离不开当地特色美食的加持。从某种意义上来说,乡村美食是推动乡村旅游经济发展的重要因素,同时也是乡村文化的组成部分,是乡村历史和风俗的见证。随着乡村旅游的发展,以乡村美食为主题的节庆活动如火如荼,推动了乡村旅游的发展。

1. 特色餐饮是乡村游的原动力

国内乡村旅游兴起的重要原因之一,就是打着"看农家景、吃农家菜"的招牌。对于大多数乡村旅游而言,美食只是欣赏美景、感受乡村生活、放松心情之外的有益补充。而对于另外一些出行者而言,美食就是一种动力,为了满足味觉的享受,"千里迢迢"地赶到乡村品尝特色的乡村美食,"吃"成为了到乡村去的原动力。尤其是近年来,伴随着城市生活的富足,城市人的肠胃在经历了大鱼大肉的"洗礼"之后,越来越青睐乡村美食的"生态自然"和"简单朴实",乡村美食对游客的吸引力远远超过了大家的想象。对于乡村而言,美食旅游可以打造地方品牌、提升旅游地吸引力、带动多行业发展、增加就业甚至创业机会,却无需大规模基建,是乡村发展的有效带动力。游客需求与乡村发展的共同推动,使得乡村美食成为拉动乡村经济、带动旅游发展的重要抓手。

2. 发挥乡村美食的独有魅力

第一,地域性,乡村美食的灵魂。乡村美食有着鲜明的本地特色和不可替代性。乡村美食最突出特点就是地域性。要打造特色的农家菜,在原料上,要做到传统、新鲜、绿色、健康。原料必须是地方出产,制作方法必须是地方传统工艺,采用的配料、调料甚至水都必须是本地的,还要使用地方特色的"土"器皿,才是地道的乡村美食,缺一不可。第二,吃的不仅是味道,还有环境。农家菜的"农家味"不仅来自于菜品本身,也源于顾客品尝农家菜的环境味道,乡村美景也成为了美食不可或缺的一部分。可以在农家吃,坐在土炕上,感受乡村的古朴;可以在户外吃,一边吃一边欣赏高山流水、小桥人家;还可以在特色餐厅吃,吃出不一样的体验。第三,乡村美食是一种情感寄托。对旅游人群而言,乡村美食不仅仅满足了味觉、观感的需求,更是一种情感的满足与寄托,从美食中回味乡愁,找回儿时的感觉。第四,融入文化元素,强化美食的吸引力。现在,有的乡村美食成为乡村旅游发展的核心动力，有的成为乡村旅游中重要的一极。虽然美食有着种种优势带动乡村旅游的发展，但任何美食都有一个生命周期，如果要保持地方美食的持续吸引力，必须增强美食旅游的创新性、体验性甚至融入文化元素，强化美食的吸引力。第五，产品创新，增强美食旅游的新鲜感。在美食产品上不断创新，增加体验环节，保持美食的新鲜感和趣味性。对游客而言，"吃"不仅仅满足人们的基本生理需求，而渐渐成为一种休闲活动，一种丰富生活的象征，这样的美食才有经久不衰的魅力。第六，特色活动，为美食旅游增色。除了在产品上创新，还可以通过与美食相关的活动，增加体验性和趣味性，形成长久的旅游拉动效应。此外，还可以免费体验制作美食的过程。这是一个体验为王的年代，让游客亲身体验到美食的安全与健康，对游客而言也是一种乐趣。第七，美食的文化基因，旅游的持久动力。美食旅游本来就具有较强的文化属性，乡村美食往往有着深厚的历史渊源，包含本地的风俗特色、生产特色、生活方式……因此，赋予美食文化内涵，将美食、文化遗产、生活方式整合起来，旅游就不仅仅是品尝美食，更是一种完整的生活体验和精神享受。文化与美食的结合，能够丰富乡村美食旅游的内涵，提高旅游活动的参与性，增加消费深度。

成功的乡村美食旅游应该达到一定规模，形成规模效应，一般而言，以美食街的形态存在。用美食线路，将分散的自然景点、人文景观、特色农场、休闲设施以及餐饮企业连接起来，集合乡镇优势资源，形成美食旅游带，合力拉动乡村旅游的发展。

3. 掌握特色餐饮旅游的特点

第一，美食旅游与旅游美食。美食旅游是旅游的一种类型，是以"美食"作为吸引物的享受过程。旅游美食是在旅游过程中品尝到的美味食品，可以是在旅游途中携带体积小、轻便、新颖的旅游小食品，亦可是享用到的风味大餐。旅游美食是美食旅游的重要组成部分。第二，美食旅游与饮食文化旅游。饮食文化旅游可看作狭义的美食旅游。饮食文化旅游重在"文化"，指饮食文化与旅游活动相结合，以了解饮食文化和品尝美食为主要内容，这是一种较高层次的旅游活动。由于人们对"美"的理解和认识千差万别，则"食"在内容和形式上都呈现出缤纷的色彩。丰富而浓厚的饮食文化内容是开展美食旅游的必备条件，美食旅游则是饮食文化旅游发展的必然趋势和结果。第三，美食旅游与旅游餐饮。旅游餐饮是指在旅游过程中的餐饮行为，而美食旅游是以美食为吸引物的旅游过程，这两个概念分别指不同类型的行为，但都在旅行途中发生，而且都与旅游者的饮食行为有关。但美食旅游不仅仅包括餐饮过程还有其他与美食相关的参与性活动，如烹饪比赛、啤酒节、水果节等等，旅游餐饮更多地注重旅游者的餐饮行为及餐饮质量，如在旅游过程中的饮食安全、卫生、营养等等。第四，美食旅游与参与体验。美食旅游的参与性相比其他的旅游类型要强烈得多。首先，美食旅游最主要的旅游经历是品尝，这种来自味觉的美感既是有形的，又是无形的。这种参与直接影响整个旅游时间的长短、旅游质量的高低，故旅游体验对于美食旅游者显得更为重要，对美食旅游本身也提出较高的要求。其次，美食旅游其他的参与性活动，如观看烹饪比赛、茶艺表演和学做中国菜等，都能激起美食旅游者强烈的模仿欲，这些操作性极强、丰富的旅游活动，极易延长美食旅游者兴趣的持续时间。

4. 通过美食发展特色乡村旅游

乡村美食作为发展乡村旅游的重要因素，通过打造产业化品牌，举办以美食为主题的旅游活动，并不断革新改进等方式，可有效促进乡村旅游的发展。乡村美食不仅可以打动游客的胃口，又能激发他们出游的欲望。发展乡村旅游需要融入美食特色，双向组合发展，才可以有力地推动旅游经济的发展。不同的地区可结合当地特色美食，开展"美食探索主题旅游"活动，以旅游形式全面展示乡村美食，如江西广丰县每年会在不同的乡村具备"杀猪饭"主题乡村风情游，来自全国各地的游客聚集在一起，一同体验传统杀猪场景和祭拜仪式，吃"杀猪饭"。当地还精心组织了"美丽乡村游+杀猪饭""户外拓展+杀猪饭"等主题乡村旅游活动，受到城市游客的青睐，吸引大量游客外，还辐射带动了一大批农副产品的热销。同时，乡村美食还要注重革新。随着手工艺和原材料的改进，传统的乡村美食需要适应时代发展而加以更新，才能更加适应现代人的口味。比如浙江德清新市古镇的茶糕，是当地有名的特产美食。不仅用料讲究，制作过程也十分精细。一直是手工现做现卖的方式，平日就有许多游客来定制茶糕，如遇上中秋等节日，预定茶糕的人就更多了。老板为了更好地满足顾客需求，尝试在茶糕制作过程中采用机械化生产的方式，把茶糕做成类似饺子一样的速冻产品，既保持茶糕的风味，又提高了效率。游客回到家只需稍微加热，就可以品尝到和店里现卖一样的味道。乡村旅游业发展迅猛，在竞争愈演愈烈的旅游市场，乡村若想分得一杯羹，就必须充分挖掘自身优势，做出特色及新颖之处，这样才能"吸睛"，进而"吸金"。

参考文献：

1. 宣淑园. 浅谈中国特色农家乐的可持续发展[OL]. 搜狐，[2017-10-23]. http://www.sohu.com/a/199709548_739037.

2. 骆高远. 休闲农业与乡村旅游发展丛书[M]. 浙江：浙江大学出版社，2016.

3. 王洁平. 深挖传统节日内涵创新节庆旅游发展[OL]. 大众网，[2017-04-12]. http://tour.dzwww.com/shandong/mxly/201704/t20170412_15761896.htm.

4. 王珏. "文化+旅游"：在包容中走向繁荣[OL]. 人民网，[2018-06-21]. http://hb.people.com.cn/n2/2018/0621/c194063-31725658.html.

5. 佚名. 吃出来的"乡愁"[OL]. 搜狐网，[2017-12-13]. http://www.sohu.com/a/210323275_822730.

6. 乡村联盟. 如何通过美食发展特色乡村旅游[OL]. 搜狐网，[2017-10-02]. http://www.sohu.com/a/196001511_818015.

何开秀点题：
怎样深挖土特产

在一些乡镇常有这样的情况：土特产挖掘和深加工已经很成熟，但相关企业的发展却常艰难。主要原因就是销路问题，过程大家都懂得，我就不去分析问题，我只想把我体验到、感觉到和想到的和大家交流一下，希望对地方土特产的发展有帮助作用。

关于土特产品的加工。土特产品活在品质死在品质。我讲一个真实的事情。有一次我在一个展会现场购买了一包东北黑木耳，回家一吃发现很好，决定下次遇到一定再买，后来在市场又购买了一次东北黑木耳，可是回家一吃发现品质非常差，从此没有再购买的欲望，十几年了我都再没有购买东北黑木耳的欲望。究其原因就是加工过程不负责任，原材料没有问题，为什么就不能负责任地做好加工，故意地把一些边角料和泥沙添加在产品里，骗得了一次、可骗不了一世呀。所以，企业发展重在品质，没有品质就没有市场。

地方土特产是地方独特的名片，正因为独特我们才要倍加小心呵护，品质保障是核心，品质保障需要有品质标准，如何建立地方特色产品的品质标准和做好品质标准执行的落实，是我们需要重视的。

关于地方名片与地方品牌。好东西一定有人模仿，有市场的产品一定有人假冒，打造一个地方名片可能需要几代人的努力，可是毁掉一个地方名片往往只需要一次假冒伪劣。我们要保护地方名片，培育地方名片的优秀品牌产品。地方名片的使用需要从保护名片与培育品牌上入手，而不是随便谁都可以直接使用地方名片作为产品的品牌，一定要建立地方名片的使用机制。我举一个例子大家就可以理解我的意思了。重庆长寿区有一个地方特产，名字叫沙田柚，大家都说很好吃，一个好朋友给我快递了一箱重庆长寿沙田柚，我收到货后非常高兴地分给身边的朋友，大家吃后对重庆长寿沙田柚的评价简直让我都无法谢谢朋友。为什么？因为我一吃就知道这个沙田柚是假的，可是朋友是重庆长寿的，他快递过来的东西不会有错，错误出在不是所有重庆长寿种植的柚子都是沙田柚，所以能不能使用地方名片，我们要从根儿上把关，否则地方名片就成了"地方明骗"了。

我们在应用地方名片的时候必须再建立自己的品牌，地方名片上的小品牌有很多地方应用得很好，规范应用，严格把关。达到标准的产品可以冠用地方名片的特色，但必须要有自己明确的品牌名称，这样才不会伤及无辜，影响整个地方名片的社会效应。

关于土特产品销售。土特产品的销售路径很多，问题在于有的生产企业的主要经历用在生产上，销售环节的工作略显被动。所有的旅游点、汽车站、火车站、机场、高速路上的服务区等等，其实都是地方土特产品的销售场所，这些销售路径给消费者带来的一个不确定因素就是无法保证产品品质，因为都是过路客人，发现产品不好也很难回头退换，一来二去的，消费者就不再买了。

电商销售也走过十几年了，也遇到同样的问题，加上电商导入的是价格便宜，对真正的品质产品销售没有起到促销作用，所以导致地方土特产品难销。

采用网上销售需要完善品牌品质保证的监督和管理。一乡一品、社区专卖店、品牌渠道等，这些数字系统的联网电商平台设置了专业的地方好产品代言机构，从三个方面进行严格把关，一个是企业的品牌真实性，另一个是产品品质相关资质审验，再一个是利益挂钩、责任共担，启动产品物源码追溯，追究连带责任。通过这三个方面将销售渠道全面打通，所有数字系统的APP端口全部贯通推送，采取产品的物源码链接销售，就实现了让产品说话、用产品营销的品质时代，这就真正为品质产品起到了保驾护航的作用。

关于土特产品的体验。产品实行溯源管理的目的就是要溯源到生产企业的品质责任，没有品质的产品就是垃圾产品，是毁灭国家经济发展的黑手，我们必须坚决杜绝。物源码管理具备溯源功能，具备源头销售直供的功能，没有给假冒伪劣者留出生存空间，直接从生产到销售全程用物源码完成，代理商没有物源码申请资格、没有定价资格、没有囤货、没有结算，完全是系统格式化分工操作。

物源码链接销售的最大好处就是让产品说话，让假冒伪劣产品无容身之地。消费者在应用产品的同时对产品的质量就有了体验，于是，对好东西就继续购买，也明白怎样才不会买错，用物源码就能溯源到真正的生产企业销售端，谁想假冒伪劣都难。所以，产品体验是非常重要的营销环节，在餐厅、酒楼、超市、社区专卖等一切可以销售产品的地方，我们都可以做好产品体验推送的工作。

县域经济可持续发展十二解

关于特产深加工。我们国家的土特产品可以说基本上还处在粗加工的层面，没有进入深加工的环节，所以可挖掘的空间非常大。深加工需要几方面的配合，在深加工的工艺上，我们要继承和发扬传统的加工工艺，也要不断推出新的深加工配方工艺，现在很多年轻人不重视这个领域的研究，我们都担心会失传祖宗留下来的宝贝。我们要争取让年轻人重视这个领域的创新发展。

地方经济发展不可能全部都是高科技，民以食为天，吃饱、吃好、吃出健康才是根本，飞得再高饿了也要落在地上找吃的，不喜欢粗茶淡饭，我们可以精雕细琢，要培养年轻人爱精致生活的习惯、自己动手的习惯、研究发明的习惯。土特产深加工有非常大的发展空间，而且是年轻人可以创新的空间，各地完全可以组织相关机构创立相关的研究所，探索、研究、创新产品的深加工。

第九解
怎样深挖土特产

县域有各种各样的土特产。土特产,是土产和特产的并称,指某地特有的或特别著名的产品。广义的土特产,不仅包含着农林特产,而且也将矿物产品、纺织品、工艺品等包括进去。一般而言,土特产是指来源于特定区域、品质优异的农林产品或加工产品。土特产可以是直接采收的原料,也可以是经特殊工艺加工的制品。无论是原料还是制品,其品质与同类产品相比,应该是特有的或有特色的。在中国,土产一般指各地的农副业产品和部分手工业产品,如松香、毛竹、陶瓷器、丝织品、花边、酸角水果等。特产指各地土产中具有独特品质、风格或技艺的产品,如云南的过桥米线、杭州的织锦、景德镇的瓷器、宜兴的陶器、溧阳的风鹅、绍兴的黄酒、黄岩的蜜橘、三清山的山茶油、汕头的抽纱、张家界的葛粉等。

一、土特产加工

县域的土特产加工业一头连着农业和农民,一头连着工业和市民,亦工亦农,既与农业血脉相连,又与工商业密不可分,特别是它带动了上下关联产业的发展,也形成了众多小微企业,建设了现代农业,惠及了广大农民,繁荣了农村经济。农民热情地称其为增收的"稳定器"、新农民的"孵化器"、调结构的"转化器"和三次产业融合的"链接器"。促进县域土特产加工业快速发展,意义十分重大。

1. 促进农民就业增收

据统计,土特产加工业从业人员中70%以上是农民,全国农民人均纯收入的9%以上直接来自土特产加工业工资性收入,加上关联产业间接收入比重更大。据抽样统计,每亿元加工产值吸纳107人就业,高于制造业的57人。实地调研证实,初加工可以减损增收,精深加工可以提值增收,产业链条长,土特产卖难减少,价格波动小，农民增收快，劳动力就业充分。

2. 带动农业提质增效

有了土特产加工企业，农民就按照企业加工需求组织生产，企业还给产品基地注入很多设施、资金和装备等现代生产要素，提升了农业专业化、标准化、规模化、集约化经营水平，带动装备制造、储藏、保鲜、运输、包装、营销等产业跟进，多环节多层次多领域增加农业收益，促进了一、二、三产业融合互动。如江苏泰州黄岩区水果罐头加工带动了48家关联企业和9.48万户农户参与。

3. 合理利用保护生态环境

我国每年产生数亿吨秸秆和数亿吨加工副产物，其大部分没有得到合理利用，不仅资源浪费严重，甚至成为环境污染的一个源头，因此，迫切需要加工业发展，实现对各类资源的"吃干榨尽"，变废为宝、化害为利，助推农业可持续发展。实地调研发现，四川、广西、陕西、湖北、安徽等地的很多农村通过发展加工业，留住了农村资源要素和人气，留住了农业增值增效收益，促进了人才回流、资金回流和劳动力回流，创造农村新的需求。

4. 构建新型工农城乡关系

土特产加工业将工与农、城与乡连接在一起，承接工业和城市的辐射带动并进一步向农业和农村辐射。同时，推动温饱型为主体的食品消费格局向风味型、营养型、便捷型、功能型方向转变，满足城乡居民多样化食物需求，有利于改善城乡二元结构，推进城乡发展一体化，满足县域经济的发展需求。各县域政府在积极鼓励土特产加工、深加工的同时，需要切实做好落地工作。

二、土特产销售

土特产销售主要应该解决好县域内销售和县域外销售的问题。随着互联网技术的普及和物流运输行业水平的提升，土特产销售还面临线上销售和线下销售的问题。线上销售即网店电商销售，线下销售即传统的摊贩、实体店等销售模式。县域内销售即在本地销售；县域外销售即在本地之外的区域销售。由于历史原因，土特产的销售方式和普通商品的销售方式存在很大的差别，土特产往往成为馈赠佳品却难以成为日常消费品。生产土特产的企业囿于经营思路、经营模式，往往习惯了延续传统的经营模式，这也造成了土特产品往往形成了区域影响却难以形成更大范围的影响。因此，土特产的销售，应该从以下几个方面进行重点突破。

1. 产品走向品牌化

产品品牌化就是企业对产品质量的保证和承诺。产品品牌化意味着产品的标准化、生产的规模化、包装的规范化，要转变产品原有的定位，不再是"土老帽"的形象，而是正规商品的形象。但又不同于一般的正规商品，不是同质化的商品，而是具有自我特色的正规商品。每个县域都有属于当地的土特产，都有地域性的人文特色。所以，从这个角度来说，每个县域的乡镇都具有打造一个甚至多个品牌的潜力。各县域在发展品牌的同时，切记不能因为数量而牺牲质量，不能因为短期利益而牺牲长期利益。务必恪守"质量第一"的原则，才能保持产品的长久发展，才能保持产品在消费者心中一贯的良好形象，才能为子孙后代留下宝贵的遗产、造福子孙后代。

2. 突出产品的地理印记

土特产之所以被称之为土特产，关键就在于产品"土"的印记。这里的"土"，不是乡土气息，不是低端形象，而是产品的特有属性、产品的特色、产品背后的"故事"、产品的地理印记。县域土特产的地理标志很大程度上就是土特产的"保护伞"。

地理标志既是产地标志，也是质量标准，是推动土特产走向市场的重要工具。地理标志产品保护，可以让原本名不见经传的茶叶、花生、调味品、苹果、茶叶、榨菜等土特产声名远播，身价倍增，成为创收的"金字招牌"。县域的土特产很多，这些土特产都应该抓住地理标签走出地方，走向全国乃至世界。

3. 充分利用多种销售渠道

随着互联网技术的普及，产品价格变得透明，产品销售也变得更加直接，各企业都应尝试砍去中间商环节，用低投入就可以获得更加有竞争力的产品推广成本和产品价格。线下平台以社区店、农贸市场、大型商超为主要渠道，尽量避开批发渠道，建立"工厂到消费者"的直销形式。线上平台以专营平台、主流平台、创新型平台为主要渠道。不管用什么销售渠道，都要严把产品质量关。

4. 积极打假保护品牌

假冒伪劣产品在国际上被视为是"仅次于贩毒的世界第二大公害"。假冒伪劣产品严重损害名优产品的信誉，侵犯企业的合法权益，危及企业的生存与发展。打击假冒伪劣产品不仅是企业的工作，政府作为职能服务、监管主体，负有打击假冒伪劣、肃清市场的主要职责。随着物联网技术的兴起，各种产品溯源技术得以应用，为打假提供了很好的解决方案。

5. 做好产品推广工作

企业要做好销售，做好宣传和推广很重要。从形式上来区分，传播推广主要包括高空广告、公共关系、地面广告宣传、农户促销、农化服务、推广活动、自媒体营销等。高空广告主要形式包括电视、广播、报纸、杂志等，高空广告最主要的特点是覆盖面广、投入大。媒体级别越高，覆盖面就越广，对品牌形象提升的影响就越大，当然，企业投入也会越大。公共关系主要形式包括主题性报道、专业性论坛、公益活动等，通过传播良好的企业形象和信誉度，提升产品和品牌形象。地面广告宣传主要形式包括售点POP、墙体广告、店头广告（店招）、车体广告等，主要特点是贴近消费者。农户促销是最直接实现销售的推广形式，农民比较喜欢，因此，普遍被厂家、商家采用。农化服务是大多数农民期盼的方式"大户带动散户""本地化农业科技员""农民技术交流会"（农民会、农业科技讲座）等有"杠杆效应"的农户服务模式被厂家普遍采用。推广活动主要有送电影下乡、集市或终端外搅动活动等形式，推广活动互动性强，宣传效果直接、明显。自媒体营销，包括博客、微博、微信、贴吧、论坛/BBS等网络社区，具备平民化、个性化、低门槛、易操作、交互强、传播快等特点，传播效果甚至要强过传统的"主流媒体"。

6. 物媒体营销

物媒体就是让物体成为媒体，在商品上做广告。好的商品自己会说话，自己会传播。例如，把所有出厂的哇哈哈上都做上广告，广告信息就会随着哇哈哈迅速传开，可以到达各个省份、各个城市、各个乡镇，甚至有哇哈哈的各个村庄。如果把广告信息做成二维码，消费者只要扫一扫二维码即可观看广告。物品媒体营销是以某种产品的标签、包装等产品外观（包括标签、袋、盒、瓶、箱、桶、杯、瓶盖，甚至造型本身）做广告宣传的营销形式，通过商品本身的市场流通渠道，使其附带的广告信息精确到达目标受众，因此极具广度和深度，时间有效性极强、传播极为迅速。

7. 大数据营销

信息时代下最宝贵的财富就是数据。对于企业来说，如果能建立并掌握产品的销售数据，那么对于企业的产品销售、生产都会起到"事半功倍"的效果。有条件的企业应建立自己的营销数据库，还应与第三方销售平台建立大数据合作机制。企业通过大数据就可以对用户行为与特征进行分析，分析出用户的喜好与购买习惯，做到"比用户更了解用户自己"。企业借助大数据还可以进行精准营销信息推送、投用户所好引导产品及营销活动、对竞争对手监测与品牌传播、品牌危机监测及管理、进行重点客户筛选、改善用户体验对客户分级管理、发现新市场与新趋势、进行市场预测与决策分析等。

三、土特产体验

我国县域的土特产十分丰富，也颇受消费者的喜爱。但长期以来，很多地方的土特产品大多是摆放在地摊上，不进行包装或只是进行简单包装，对土特产的体验没有引起足够的重视，既卖不了好价钱，也打不出"名气"。所以，想办法将本地的土特产品经过筛选、包装，让消费者得到产品独具有乡土气息的体验，已成为一种趋势。

1. 线上消费体验

自2012年起，O2O从一个模糊不清的概念变成可操作的模式，引发了各行各业的革命。随着O2O越来越被看重，消费者的网购习惯已然形成。电商现在已经非常成熟，各行各业都被电商改造甚至颠覆，消费者也乐于享受"一键解决生活所需"的网络购物。但与此同时，消费者网络购物的新鲜感已经不复存在，更加趋于理性，网购的兴奋点越来越难找。虚拟的网络购物，再也无法给消费者带来直击心底的"快感"。开设线下体验店，并希望形成与线上互补的销售渠道，正是响应消费者线下体验的诉求，也是回归商业本质，更是弥补其线下虚弱的必然选择。

2. 线下直观体验

消费者对消费体验越来越看重，而线上消费很难给消费者带来直观的体验。它带来的直接影响是，消费者看一眼图片就下单的冲动越来越少了，线下体验才是看得见摸得着的体验，也是信任关系形成和建立的关键环节。因此，线下门店虽然受到线上的冲击非常严重，但依然具有存在的价值，只是具有的功能正在发生改变。线下门店将不再扮演首要销售渠道的角色，线下体验，线上消费，悄然成为一种趋势。此外，线下体验店能最直接解决最后一公里配送，可以最快响应用户并快速送达，或方便用户上门自提，确保配送的时效。还能提供直观的体验场景，展示商家形象，获得消费者信任。

3. 服务能力是核心

在商品过剩的互联网时代，做好产品服务显得尤为重要。就商家而言，想借助O2O弯道超车，在移动互联网大时代取胜，好服务是必需品。O2O的核心价值就是让消费者能够以较低的成本（资金、时间、沟通等成本）获得超值的服务。因此，撇开企业赖以生存的产品不说，服务才是O2O制胜之"道"。当前如火如荼的O2O，其本质是服务，更切确地说，是线下服务。互联网和互联网技术不过是服务体现和实现的载体。线下服务能力越来越成为O2O时代企业核心的竞争力。

4. 开好土特产体验店

土特产有个特殊属性，就是它离消费者的一日三餐特别近，甚至是每天都离不开。所以，土特产体验店开在哪里，就很有讲究了。有的企业筹集资金自建体验店，结果形成企业的重资产，拖累了企业发展的脚步。有的企业对接第三方平台，轻资产上阵，但是体验店开在了传统商业区，消费者行色匆匆，并没有时间停留在店里体验土特产品，所以效果不会明显。结合土特产的居家属性，我们给出的解决办法是第三方平台"社区体验店"，将土特产展示在离消费者餐桌最近的地方。同时，企业也无需负担自建体验店渠道的重担，做到轻装上阵。企业对接社区体验店平台，将产品放到消费者的家门口。消费者下班回家的时候、楼下闲逛的时候，都有时间和意愿前往体验、购物。只要有好的产品，销量一定会红红火火，甚至供不应求。

四、土特产深加工

土特产产品深加工是指在初级加工的基础上，对产品进行深度加工制作以体现其效益最大化的生产环节，初级产品及其在加工中产生的副产物转化为具有高科技含量、高附加值、绿色优质、促进健康的营养品。与"产品粗加工"概念相对应。如将稻谷、玉米加工为大米称为粗加工，在完成粗加工的基础上对半成品进行进一步的完善，使其更具价值，以追求更高附加值的生产，称为深加工。

1. 土特产深加工的必然性

由于产能过剩、供大于求等原因，许多县域的土特产都出现了结构性、地域性、暂时性的过剩。因此，就必然要求对土特产品精深加工，以促进土特产品的商品化。这对调整县域经济结构、增加百姓收入有着重大意义，其意义主要在于初级土特产品的利润附加值很低，深加工可以大幅提高利润率。它还关系到生活的方方面面，是实现传统农业向现代农业转变、向高效益转变的出路，因此，必须不断提高土特产品的科技含量，通过精深加工等具有高科技含量的技术应用，使土特产品得到更好的加工和利用。从另一角度看，随着我国经济的不断发展人民生活水平不断提高，城乡居民食物消费结构和消费需求正在发生快速的变化，为土特产品深加工也提供了消费基础。

2. 精深加工抬高身价

深度开发"原字号"土特产，进行深加工，是一项朝阳产业，发展潜力巨大。比如县域的芋头是特产，就可以把芋头剥出来，可以生的卖，可以切片来卖，可以揉碎成粉，揉成芋泥来卖，可以做成各种口味的芋头产品，还可以打造成芋头的产业链，把芋头作为主导产业，让芋头带旺相关的包装产业、印刷产业等，把相关产业都带旺起来。再如，牡丹江有10万亩耕地被列为国家级食用菌绿色原料生产基地。这意味着这里栽培的每一亩黑木耳都可作为绿色食品原料，再经过农产品加工企业和专业合作社的"绿色"加工转化，产品身价高出普通黑木耳价格的5%至20%以上。带动全市农作物种植向经济作物倾斜，更多农户加入合作社，投身食用菌、小杂粮、茄果类蔬菜等绿色有机农产品种植。

3. 推动土特产模式转变

长久以来，土特产似乎是旅游商品的代名词，以土特产为代表的旅游商品收入成为景区收入的主导。游客意识里"土"就是品质的保证，"土"就代表着淳朴又憨厚的农民形象。在新环境下，从观光旅游到休闲度假游，从景点旅游到全域旅游，土特产也在悄然变化升级。第一，发展ppp模式，通过政府和相关企业的优势资源结合，为土特产建立科学的经营模式。第二，景区内增强游客购物体验，让游客有足够的时间停留在景区，可以对旅游商品深度体验，而体验又恰巧是游客最直接的了解和感受旅游地居民生活的方式，通过体验，游客可以学习旅游商品的使用，土特产食品的烹饪方法等。第三，利用互联网技术打通时空界限，让景区土特产复购成为可能。第四，深加工标准化，满足人们对商品越来越高的要求。第五，发展土特产文化价值，通过文化创意让土特产能够与旅游地文化深入结合。

4. 培育精品土特产提升价值

土特产作为县域地方名片，它是提升县域知名度一个很好的媒介，它可以给县域带来巨大的经济效益，起到拉动县域经济增长、带动第三产业的发展、促进旅游业的发展、解决就业等作用。要通过对土特产进行加工、深加工、品牌打造、体验推广、营销包装等一系列行动，对当地土特产及土特产业进行标准化的升级，打造精品土特产，在保持土特产"土"的前提下，提升土特产的价值；要通过县域政府的政策、资源、资金等一系列扶持，培育出县域知名的、规模化的土特产生产企业，实现当地经济发展。两相结合，将土特产的价值进行最大化深挖和释放。

参考文献：

1. 孙卿. 关于我国农产品加工业发展情况的调研报告(2015年) [J]. 农业工程技术，2015(17).

2. 佚名. 农产品线下的几个推广方法[OL]. 百度，[2018-04-14].https://baijiahao.baidu.com/s?id=1597710568672466144&wfr=spider&for=pc.

3. 石祥新. O2O时代线下体验店的5个核心作用不容忽视[OL]. 品途商业评论，[2015-09-22]. https://www.pintu360.com/a15892.html.

4. 慈春雷. 全域旅游推动土特产模式转变，土特产"土"到掉渣才算优选？[OL]. 搜狐网，[2018-04-04]. http://www.sohu.com/a/227332979_248115.

何开秀点题：
怎样挖掘地方传承

我们每到一个新地方，第一想去体验的就是具有地方特色的小吃街，最想看的是地方文化古迹，最想听的是地方的传说故事，最想购买的是地方特色产品，只可惜这些东西越来越少了。我们国家非常重视非遗传承，遗憾的是这些传承人多数都很穷，赚不到大钱。传承在赚快钱的面前显得非常无力，在赚快钱的路上我们丢失了太多宝贵的东西，我真心希望我们各地的宝贵传承能够多保留一些下来。

新建的城市环境很漂亮，如果能够多保留一些历史传承，让钢筋水泥的建筑里保留一块可以回忆的历史和过去，让城市的生活文化氛围浓烈一些，人们生活中的闲情逸致就可以多一些。我们需要为快速发展的城市设置一些闲情雅致来为我们的生活减减速，我们都太浮躁了。我们不要等到老了才来学习怎样生活，有些年轻人真的是一点生活自理能力都没有。有个大学生把妈妈给煮好带到学校去的鸡蛋原封不动的又带回家，问其原因是不知道怎样剥去鸡蛋壳。这虽然是个别现象，但确是一个天大的讽刺呀。

非遗的传承不是要赚多少钱的问题，而是要把非遗传承的技艺和精神文化渗透到中华儿女的日常爱好当中，丰富年轻人的生活，作为他们的生活乐趣，也是精神文明的一种表现形式，更是中国人民幸福生活的体现。我希望通过非遗传承，吸引更多年轻人的关注、学习，就像学习琴棋书画一样成为年轻人的爱好和特长，远离网络游戏，远离博弈的追求，远离网络鸦片。

互生系统平台为扶持非遗传承，对接了专业机构，推出了非遗传承专业APP入口的相关解决方案。支持非遗传承人能够持续发展，为继续非遗传承，把传承发扬光大，提供以下支持：

1. 专业的非遗电商APP入口与互生大数据客户资源共享对接。
2. 溯源非遗传承人的产品认证，让传承作品货真价实，杜绝假冒侵害。
3. 提供消费福利模式的托管对接，实现非遗传承人跨界持续盈利。

4. 对接消费福利卡的定向消费支持。

5. 推出非遗文化的传授交流，培养更多的非遗爱好者。

（详细的操作方案请向专业机构咨询。）

第十解
怎样挖掘地方传承

县域经济的持续发展主要取决于支柱产业特别是县域企业的持续发展，正所谓无农不稳，无工不富，无商不活。任何企业都希望自己成为知名品牌企业，进而成为百年老店把自己的精神、品牌、字号传承下去。所以，怎样挖掘地方传承，首先就要思考为什么要传承，为什么要去挖掘地方传承，这样才能搞清楚该从哪些方面去挖掘和弘扬地方传承。

一、工艺传承

民间工艺是以经济和文化为双重载体的大众生活艺术。2017年3月，国务院办公厅转发了文化部、工业和信息化部、财政部《中国传统工艺振兴计划》，部署促进中国传统工艺的传承与振兴。传统工艺蕴含着中华民族的文化价值观念、思想智慧和实践经验，是我国非物质文化遗产的重要组成部分。振兴传统工艺，有助于传承与发展中华优秀传统文化，培育和弘扬精益求精的工匠精神，增强文化自信。

1. 传承振兴传统工艺意义深远

传统手工技艺具有地域性、异质性和多样性的特点，它是一个地区或民族的文化表征，是人类文化多样性的重要表现。传统手工艺产业是地方性特色产业，它主要利用传统的手工加工方式，属于劳动密集型产业，可以为当地老百姓提供就业机会，安民于当地，对于维护社会的稳定可以起到一定的作用。同时，传统手工技艺利用的是当地可再生的自然资源，故而对于保护地方性的生态环境有一定的意义。由此可见，保护与传承传统手工技艺有利于人类社会的可持续发展。

2. 传统手工业有利于维护社会稳定

在我国工业化进程中，为了满足工业化大生产的需要，政府鼓励广大农民进城务工，形成了中国特有的"民工潮"现象。改革开放40年来，农民工为国家的现代化建设做出了巨大贡献，同时也付出了极大的代价，带来了很多社会问题，成为社会不稳定的一个因素。而传统手工技艺及其产业的发展，在某种意义上可以成为维护社会稳定的有利因素。与工业生产高度集约化、人口大幅度流动不同，手工生产主要是当地就业，甚至在家就可以工作，可以把劳动力吸引在当地，避免人口大幅流动，可以部分缓解城市的就业、住房、交通、治安等方面的压力，减少不稳定因素，从而稳定社会。

3. 传统手工业有利于促进就业

一方面，工业越发达、自动化程度越高对劳动力的需要就会越少，致使工人下岗失业。传统手工业属于劳动密集型产业，对劳动者有最大的宽容性，甚至没有年龄、性别限制，即使是残疾人也可以经过传统手工业技能的培训实现就业。数据统计表明，每百万元固定资产，重工业安排94人，轻工业安排250人，手工艺行业可以安排800人，可见其投资成本低，就业机会和容量大，有些甚至可以提供终生就业，非常符合我国人多地少就业压力大的现实情况。

4. 民间工艺促进县域经济发展

民间工艺在县域经济发展中有着不可低估的作用。它不但可以发扬传统文化，而且还可以产生经济效益，促进县域经济的发展。大力发展富有地方特色的民间手工艺，不但是弘扬民俗文化的需要，也是促使农民增收致富的重要措施。在发展县域经济中，要瞄准低碳经济的新潮流，充分挖掘具有悠久历史传承的民间工艺，走出一条拓宽县域经济发展的路子。县域在发展民间工艺时要壮大传承人的队伍，建立和完善人才机制，使其依托优势资源，形成规模化发展，对县域经济起到了推动作用，同时也能更好地弘扬民族精神，传承中华民族的传统特色工艺。

二、非遗传承

非物质文化遗产是各族人民长期以来创造和积累的重要文化财富，它所包括的口头文学及其语言载体、传统表演艺术、民俗礼仪与节庆、有关自然界和宇宙的民间知识与实践、传统手工艺技能及其相应的活动场所等，既是人类文化多样性的重要体现，又是中华民族身份和中华文化主权的有力象征。保护与传承非物质文化遗产，是促进文化发展繁荣、构建和谐社会的必然要求。县域是我国非物质文化遗产保护与传承的主要阵地，民族技艺传承人则是传递者。

1. 完善非遗相关政策

中国的非物质文化遗产保护工作，是在工业化、城镇化进程加快的背景下展开的。在这种历史条件下，非物质文化遗产既面临冲击、加速消失的现实威胁，也面临承上启下、继往开来的历史机遇。为此，县域政府要把正确应对环境变化、实现非物质文化遗产的可持续发展，作为政策制定的优先方向。倡导县域发展和非物质文化遗产传承协调发展，加强顶层设计，激活非遗在县域发展中的文化基因，寻找非遗传承和县域经济共同发展之路。持有非物质文化遗产的社区、群体或个人，既是传承者，也是实践者，更是创造者，他们是保护、传承和发展非物质文化遗产最为重要的力量，他们的主体地位贯穿遗产认定、保护和传承的始终。这些社区、群体和个人在行使保护、传承和发展权利的过程中，应当享有创造性表达的权利，学习的权利，获得收益的权利。尊重持有者和传承人群的主体地位，支持他们为民族传承，为生活创新，使民族的根脉得以发扬光大，使文化生活空间多姿多彩，为人民生活空间的创新提供不竭动力。

2. 为非遗提供发展空间

非物质文化遗产的孕育和发展，与社会文化环境息息相关。县域政府应谨慎处理经济建设与文化遗产保护的关系，努力保持文化生态环境的可持续平衡，悉心维护和改善优秀传统文化的传承条件。要尊重当地文化，尊重民族传统，切实防止和纠正不尊重文化遗产、轻视社区文化传统、损害传承人群权利的行为。由于生产生活方式的变迁，一部分以手工艺为主要生计来源的传统工艺项目传承人群，面临产品需求萎缩、收入不足以解决生计的困境，致使年轻人不愿学习和传承手工艺，传承后继乏人。为此，要努力实现传承非物质文化遗产与改善生活、丰富生活的统一，提升年轻一代对非物质文化遗产重要性的认识和参与的积极性，不断增强传承活力与后劲。在市场经济环境中，充分发掘非物质文化遗产的人文价值，把非遗中的文化底蕴转化为可供人们消费的文化产品、文化服务，这是提高非物质文化遗产发展空间非常有效的措施。例如，嵊州市艺术村的创建，集聚全市竹编、泥宓、陶器、木雕、根雕等多门类的文化艺术家，发展艺术生产，实行组织化传承、产业化发展，2006年创建之初实现年产值1.5亿，据不完全统计2012年已实现产值6.2亿，已成为地方经济的重要产业之一。

3. 重视非遗保护传承

非遗产品主要价值在审美和道德规范，具有使用价值的多样性特点，按照物质产品进入市场势必形成弱势，经营困难。因此，县域政府必须制定保护政策，加大扶持力度。构建政策、人才、交易等服务平台，规划区域产业园区，健全激励机制，延伸产业链、提升竞争力，形成全社会参与的良好局面。同时加大立法保护，推进申遗与保护同步推进，加大宣传，形成共识，促进非遗传承和县域经济建设的共同进步。要支持非物质文化遗产实践回归社区，回归生活，使其在千家万户的日常生活中得到体现和传承。见人见物见生活，是中国非物质文化遗产保护工作的重要理念。保护非物质文化遗产，最根本的是保护传承实践，保护传承能力，保护传承环境。县域政府应从六个方面来衡量非物质文化遗产是否得到有效保护：一是实践活动是否持续并富有活力；二是基本实践方式，如手工技艺等某些传统工艺项目，是否得到保持；三是基本文化内涵是否得到尊重；四是具有当代价值的文化精神是否得到弘扬；五是相关社区、群体和传承人的保护、传承及再创造权利是否得到尊重；六是传承人群是否得到保持乃至扩大。

三、小吃传承

中国人一直懂得如何获取自然的馈赠，靠山吃山，靠海吃海，亘古不变，一地独有的食材和烹饪方式，创造出了地方小吃不变的滋味。小吃，看似简单，却充满了饮食之道。只有真的懂得火候、食材与调味原理，了解每一个小吃背后的艰辛，才能看懂制作者从小处用心的美好。以传承小吃文化为目的，其优势在于加强了传统小吃的可复制性，于企业而言，可以扩大经营规模，加强传统小吃影响力；于加盟商而言，可以在最短的时间内掌握最成熟的技术，获得可观的经济效益。传统小吃是一种传统民俗文化，是老一辈人传下来的餐饮文化，也是一个地方的"品牌"。很多传统小吃的产生还缘于一段历史典故或民间传说，传统小吃不仅仅是吃味道，更是"吃"文化，应当加以保留与发展。

1. 传统小吃文化面临冲击

小吃这玩意儿，最能表现一个地方的特色，它是一个地方传统民俗文化的传承。受现代化的冲击，人们对肯德基、麦当劳这些"洋小吃"追求热情很高，真正地道的传统小吃，反而不容易吃到了。有的变味、有的失传，一些传统小吃面临消失的境地。传统小吃文化存在的问题，一是风味走样，变得不再"正宗"。近年来受现代化的冲击、"洋小吃"的竞争，有的生意人为了适应社会的发展，将一些小吃适应现代人的口味而加以改变，为了迎合人们现在的口味，维持生计，传统小吃已然变味。二是传统小吃品牌发展不均，在大城市里，知名品牌传统小吃有所发展，如武汉著名小吃街户部巷小吃、北京王府井小吃一条街等。但在农村与小城镇，传统风味小吃就很难做大做强，有的小店早已关门，有的在艰难度日或变味经营，传统小吃整体上不断萎缩。三是缺乏产权保护，没有商标品牌。一些传统小吃店主因观念陈旧，没有商标产权意识，造成特产食品鱼龙混杂、参差不齐。四是产品单一，质量安全存在问题。小吃老字号大多经营观念陈旧，没有创新，不敢改变经营理念与经营模式来适应市场的发展需求，加上小吃大都产于家传小作坊，设备简陋，存在很大的食品安全隐患。

2. 传统小吃文化的发展

传统小吃要获得生存和发展的机会，既要保证传统小吃的正宗风味和质量外，还要加强产权保护，维护品牌形象，大胆创新。另外，传统小吃的产地大多都在农村，县域政府有关部门应尽量为其搭建发展平台，吸引民间的老师傅将他们制作传统小吃的心得技巧、制作工艺挖掘整理出来，从而更好地继承优秀饮食传统，保护餐饮非物质文化遗产。此外，还要对传统小吃文化做推广宣传，借旅游载体塑造品牌。如，组织编译一本关于本地的"美食指南"，介绍各类传统小吃及有关小吃的历史典故与民间传说，打造吃小吃不只是吃味道，还能吃出地道的地方"文化"来。

3. 让传统小吃传承县域文化

中国的历史文化底蕴深厚，在很多县域，传统小吃品种众多，声名远扬。然而在历史的发展过程中，一些地道的小吃逐渐走出了人们的视线，那些记忆中的小吃成为人们呼吁重新构建小吃文化品牌的迫切需要。小吃是一类在口味上具有特定风格特色的食品总称，世界各地都有各种各样的风味小吃，特色鲜明，风味独特，深受人们的喜爱。县域的小吃就地取材，能够突出反映县域的物质及社会生活风貌，是县域不可或缺的重要文化特色，更是离乡游子对家乡思念的主要对象，不少小吃还承载着县域的传说和故事。现代人吃小吃，很多时候不是为了吃，而是为了享受小吃文化的气息，品尝地域风味。上海的南翔小笼包、天津的狗不理包子、云南的过桥米线……各种名小吃都凝聚了当地物质和文化基础，吃这些小吃不仅可以了解当地饮食特色，还可领略深厚的历史文化。为此，县域政府有关部门可以通过有地域特色的地方小吃扩大县域的影响力。通过组织开展活动，比如，家中长辈将制作传统小吃的手艺教给子女，社区开展传统小吃的制作比赛，让大家在美食中增进感情，学校给学生讲讲小吃的由来和故事，让孩子们尝试自己动手，通过小吃一条街、美食节等活动来唤起大家对传统小吃的美味记忆，让人们在美食传承中铭记和发扬曾经的历史。

四、文化传承

文化需要继承也必须继承，文化需要交融也必须交融，文化需要发展也必须发展。中国是文明古国、礼仪之邦，重德行、贵礼仪，在世界上素来享有盛誉。自古以来，中华民族传统美德始终是中华民族赖以生存和发展的道德根基和思想基础，始终是中华民族赖以生存和发展的重要精神支柱和精神动力。中华民族传统美德的形成和发展已经有几千年的历史，从口头传承到文字记载，内容博大而精深。文化是一个地方的形象、风格和灵魂，更是一种软实力。提升文化软实力，不仅可以创造生产力、提高竞争力，而且能够增强吸引力，形成凝聚力。

1. 提升县域文化软实力

党中央曾多次提出"要大力提升国家文化软实力"。为此，结合县域实际，充分挖掘县域的历史文化和传统文化底蕴，大力整合人文资源，做大做强文化产业，打造县域文化软实力，是提高县域综合竞争力的重要途径。其主要表现为：

第一，是提高县域核心竞争力的需要。要建成一个真正的经济强县，必须走科技兴县之路、走自主创新之路、走资源节约环境友好之路，必须大力提升县域文化软实力，为经济社会建设提供坚实的文化基础和文化支撑。第二，是弘扬县域精神，增强凝聚力、创造力的需要。每一个县域在全面建设小康社会的征程中，都会形成特有的精神，只有通过不断提升文化软实力，才能使这种精神得到进步和发扬光大。第三，是促进对外交流，优化发展环境的需要。县域特有的民俗风情、历史文化等，只有和外界增加文化的沟通和交流，才能得到进一步优化，加快县域经济的发展步伐。第四，是促进县域经济又好又快发展的需要。文化不仅能为县域经济发展提供智力支持、注入精神活力、搭建发展平台、引领发展方向，同时众多的文化产业还能直接创造巨大的经济效益。第五，是丰富人民群众精神文化生活的需要。一个地方如果没有先进的文化环境，就会失去向上的精神动力。因此，只有大力发展地域文化，不断增强先进文化的辐射面和影响力，才能满足人们不断增长的精神文化生活需要，才能提高人民群众的整体素质，才能为经济、社会、政治的发展提供有力的思想保证和精神动力。

2. 壮大县域文化事业

文化是一个地方发展的灵魂，一个地方是否具有旺盛的活力和充足的发展后劲，很大程度上取决于这个地方的文化软实力。为此，要使文化的发展渗透到经济领域，以人为本，大力发展文化经济，以文化大繁荣助推经济大发展。要树立创新精神，敢为人先，切实抓好历史文化遗产和资源的保护，认真加以挖掘、弘扬，促进文化与经济融合，把优秀的文化资源转化为生产力。要加强精神文明创建活动，提高全民素质。应大力鼓励文化产品生产和体制创新，以丰硕的文化成果满足人民群众日益增长的精神文化需要。要有一整套不断增加和完善城乡文化发展、文化设施和硬件建设的宏伟计划。要以先进的文化熏陶人，加快发展文化事业，尤其是普及社区文化、村落文化、广场文化，多举行丰富多彩的群众文化活动，使健康的艺术文化、民间文化、历史文化陶冶人的情操。要通过整合城乡文化资源，促进城乡文化事业均衡发展。同时还要加快建立覆盖县域的比较完备的公共文化服务体系，让人民群众享有更好的文化生活。要积极促进特色文化与经济的互动与结合，培育特色文化品牌和新的文化产业，扩大县域资源、产业、环境的知名度和影响力，壮大县域文化软实力。制定优惠政策，引导和鼓励企事业单位、社会团体和个人投资兴办农村文化事业或捐助公益性文化事业，逐渐建立起多渠道的农村文化建设投资的新体制。如用抵减税款等方式，吸引民间资本和民间文化精英投资农村文化建设，形成以公有制为主、多种所有制并存的文化发展格局。

3. 保护整理文化遗产

依法保护县域内优秀文化遗产和自然遗产，可以改善精神文明活动场所条件，为文化健康发展提供活动基地。很多县都有悠久的历史和灿烂的文化，其文化遗产丰富多彩，有很多历史遗址还具有极高的考古价值和文化价值。怎样开发运用这一宝贵的文化财富，为县域经济发展做出贡献，是提升文化软实力的一项重要使命。为此，要依托丰富的历史文化资源，构建多层次保护体系，全面提升文化遗存保护水平。加强对具有历史文化价值的物质遗存的保护工作，制定历史建筑、古迹遗址的保护目录，进一步做好古城、古镇、古街和名人故居、历史遗址等的保护和开发利用。加快建立多种所有制并举、布局合理、富有地域特色的博物展览体系。同时，要加强非物质遗存的保护工作，深入开展历史文化专题研究、名人研究、历史文献整理，梳理民族民间文化发展脉络，制定并实施保护规划，完成县域民间艺术资料的整理编制工作。

五、故事传承

作为拥有5000年历史的文明古国，中国的每个地方几乎都有独特的传统文化资源，包括名山大川、神话传说、历史人物、物质和非物质文化遗产等。中国故事源自上下五千年的中国文化，源自960万平方公里的每个角落，源自13亿中华民族儿女的声音，要以责任感和使命感去讲好地方故事，传播地方声音，进而唱响中国文化主旋律。

1. 会讲县域地方故事

生活在县域的每一个人都应是一个地方的代言人，把地方的特色亮点呈现出来，把地方的声音传播出去。要想讲好地方故事，既要知晓历史，又要明晰当前，更要展望未来。第一，讲好县域历史故事，传承优良文化。每一个地方都有一段不同寻常的历史故事。要深知地方历史渊源，要挖掘地方文化精髓，去粗取精，传播地方先进文化。第二，讲好县域当前故事，加快推进地方发展。要明确地方的发展思路是什么、资源优势在哪里、主导产业是什么、支撑点着力点在哪里，准确传递信息，获取相应资源。第三，讲好县域未来故事，推动实现美好愿景。要主动思考，为县域未来发展提点子、谋良策，构建美好发展蓝图。

2. 讲好县域特产故事

特产文化将美食特产与地域文化联系起来，显示了独特的诱人之处。赣南脐橙、南丰蜜橘、安塞苹果、庆安大米一个个耳熟能详的特产都成了响当当的品牌和一个县域的名片。一般来说县域发展品牌特产的流程是这样的：市场需求引发→特产品牌开发与培育→市场认可→特产品牌效应→特产规模生产→带动关联产业发展→经济发展与提升→新的市场需求引发。各县域在特产的开发与培育之前，必须对特产品牌的市场需求进行充分的调查与分析，在此基础上开发与培育出市场所需要的特产品牌，并讲出特产在独特味道、工艺特色、历史人文方面的故事，再通过各种载体、形式进行有效的品牌宣传、推介，将农产品品牌的文化即农产品品牌的价值观传递给消费者，使大家对该县域的特产品牌产生信任与忠诚，进而形成特产的品牌效应。同时，在互联网时代，互联网对县域特产品牌的推动作用不容小觑，形式也更加多样。

3. 讲好县域故事的策略

我们发现，很多地方讲故事的方式很浅层化，或者在重复地讲一个故事，而且讲不透彻。比如我们看到大运河沿岸的诸多城市、村落往往在讲一个故事，山西的诸多城市和区域都讲一个晋商故事，黄河沿岸的诸多城市、村落也在讲一个故事。出现这种情况主要是因为没有进行深入的定位、挖掘和解剖，仅仅是用一些共同的文化符号去挖掘文化资源、讲述故事。因而就会出现：一定位不清，盲目跟风，千篇一律的样板化建设困境，更无法讲好极具专属性的地方故事；二诉求偏离，"重上轻众、重外轻内"的诉求偏离，最终只能是民众对于华而不实的地方故事怨声载道，使得城市营销失去最广泛的舆论基础；三渠道缺位，随着社交媒体时代的到来，若将宣传信息仅仅停留在传统媒体的投放，只会使得地方故事受制于单向传播瓶颈，无法及时得到社会舆论反馈，从而影响了城市宣传有效信息的达到率；四急于求成，脱离区域现状以及历史条件，空喊口号，喜欢作秀，最终只是在急于展现个人的丰功伟绩，却没能讲好属于整个县域的地方故事。为此，应该首先做好形象定位，打造属于一个县域的故事。然后紧跟政策导向与舆论趋势，民众的自主参与、互动传播，激发地区品牌宣传的"磁场效应"。再区分重点来讲好地方故事、讲好城区故事、讲好产业故事、讲好人文故事、讲好百姓故事，推出系列有情怀的乡土题材，大力挖掘和弘扬人性的真善美，引发大家的强烈共鸣，让人牢记在心。

参考文献：

1. 潘玉. 非遗传承和美丽乡村建设共同发展的思考[J]. 管理观察, 2013,11.
2. 之言. 让传统小吃传承地域文化[N]. 嘉兴日报, 2016-11-23.
3. 汤凡, 柯玉根. 整合人文资源 提升县域文化软实力[OL]. 竹溪县政府. [2012-06-01]. http://www.zxxww.com/2013/0121/16335.shtml.
4. 幸福军. 基层干部要讲好基层故事[OL]. 中国网, [2017-12-20]. http://life.china.com.cn/2017-12/20/content_39349.html.

Twelve solutions to sustainable development of county economy

县域经济可持续发展十二解

何开秀点题：
怎样摆脱靠天吃饭

做生意谁也保证不了不亏本，种田谁也保证不了没有自然灾害，农民一直以来都是靠天吃饭，虽然科技的发达已经打破了靠天吃饭的说法，但全面普及还是需要时间和条件的。

要摆脱靠天吃饭，科技发展是核心，同时需要配套完善各种的福利制度建设和提高创业就业机会，把赚钱的机会为老百姓寻找出来，才是摆脱靠天吃饭的出路。我们知道科技越发达生产力就越解放，下岗的人就越多，农业机械化也将释放大量的劳动生产力，释放出来的劳动力依靠什么赚钱，这是我们要考虑的问题。

和睦社区网络科技股份有限公司推出的社区服务的解决方案，不仅仅只是为物业管理升级而打造，还为服务业的发展建立了完善规范的管理服务体系。通过社区服务业的规范发展来满足社区居民的生活需求，这其中提供了大量的创业就业机会。拿出社区居民的碎片时间、农民的农闲时间、农村多余劳动力的时间，集中用来为社区居民的生活提供服务，将是能够解决创业就业的新途径。

在大数据广泛应用的高科技时代，我们很多的东西将会被迭代，很多矛盾会显现出来。就拿企业用人来说，最大的矛盾是企业找不到合适的人才，而大量的人才找不到适合的工作，加上用人成本提升，小微企业用不起人，中小企业不敢用人，大型企业自动化减少用人，高科技企业选择用人，自然就把大量的普通工人退回到市场成为闲置人员，加上创业路上一地鸡毛，没有几个能够冲出战壕的。因此，建立老百姓的福利保障就迫在眉睫。

怎样在创新中建立福利保障是眼前需要谨慎思考的问题。为什么？因为加大企业员工的社保缴费比例，会把企业逼到用大量裁员的做法来应对，或者尽可能不去用人，这样将使就业问题更严重，还严重影响中小企业的发展和创业发展，市场进入恶性循环。能不能用一种模式既能够降低企业的用人成本，又能够解决员工的福利保障，还不用国家花一分钱，互生经济学已经给出了一个完整的解决方案并实现了技术支持，我们只需要应用工具就可以实现。

Twelve solutions to sustainable development of county economy
县域经济可持续发展十二解

农创品牌运营股份有限公司与和睦社区网络科技股份有限公司推出的"一乡一品"与"社区服务"项目就是应用《互生经济学》的解决原理与系统工具，针对市场需求而推出的一套组合拳解决方案，通过农创项目的运营，在种植的过程中采用：

1. 土壤改良福利：重金属超标的土地必须要进行土地改良，我们将通过农创品牌运营的省级公司和城市公司，组织相关的专业机构制定改良方案，通过乡镇品牌运营商的产品销售把关入口来要求农民进行土地改良，凡是土地改良达标的农户将得到由专业的土地改良机构提供的土地改良积分福利。

2. 农民种植福利：农民种植过程中必须严格控制农药超标问题，选择农药也是重点，同样借助农创品牌运营的省市公司组织，通过乡镇品牌运营商的产品销售入口把关，由农药公司根据农民种植的产品用药情况给予相关的积分福利。

3. 产品销售福利：就是建立品牌产品的销售福利，根据品牌产品的销售情况和品质保证情况给品牌产品的农户嘉奖，由乡镇品牌运营商根据品牌产品销售情况给予积分福利。

4. 个人消费福利：个人消费福利是按照个人的消费捡积分的情况来享受，不受其他影响。

5. 实现人人福利：消费福利人人享受，不分年龄大小，农户获得的积分福利可以按照家庭情况进行内部协调配置在各自的消费福利卡里。

6. 贫困兜底保障：只要是国家建档立卡的贫困户，消费福利卡里的积分累积达到1万分时将从第二个月起月月享受最低300元的兜底保障，直到脱贫为止。

（以上所有的积分福利都汇集在个人的消费福利卡里，按照消费福利卡的承诺享受福利。）

通过采用以上措施，再加上通过社区服务业的发展，为大量的社区居民和农闲农民提供创业就业机会来增加收益。通过新型的服务项目执业责任人的方式，来实现创业者自由轻松的创业。通过这样的方式，来突破企业用人的模式，降低创业风险，扩大承包范畴，突破传统组织关系，最后实现创业市场规范化，企业用人选择化，创业就业责任化，上班时间自由化，市场需求网络推送选择化，收益多少公开化，消费福利保障自主化。

灾害无情人有情，我们改变不了天地灾害，但我们可以建立互助制度，用爱来建立社会福利制度，用爱来改变世界。

第十一解
怎样摆脱靠天吃饭

传统的"靠天吃饭"多指科技不发达的地域，农作物的生长好坏受自然因素影响较大，被动地依靠自然规律来获取不稳定的生存保障。长期以来，我国农业发展始终无法完全摆脱"靠天吃饭，赖地穿衣"的被动局面。虫害、火灾、洪水、干旱等农业灾害更是无法完全避免，农民每年都指望着风调雨顺来获得好收成。随着科技的高速发展，国家不断重视和强化农业发展的政策措施，提高科学技术在农业生产中的应用，不断完善农业基础设施建设，建立健全农业保险体系，如今已经基本可以预防、解决或缓解大多数自然灾害带来的农产损失。

一、种植福利

国家为了充分调动农民的种植积极性，提高粮食综合生产能力，保障国家粮食生产安全，促进农民增收、粮食增产、农业增效，对农业一直采取惠农的补贴政策，对促进粮食增产和农民增收、倒逼粮食流通体制改革、稳定民心、确保国家粮食生产安全等起到了很好的促进作用。

1. 种植福利重在实现农民增收

对于不同的农业形式，比如林业、水产养殖、畜牧养殖等，要求各有不同。种植福利对应着生产端，其保障的本质是将生产出来的农产品转换成价值，实现农民的增收，要想将农产品实现价值转换，其根本在于消费流通。观察县域经济的三个主体以经济类型来设定分别是自然村、乡镇与县城。传统的县域经济模型大多是以自然村为生产端，主要是担任提供自然资源的大后方角色，是将种植、养殖、畜牧、林业、渔业生产出的农产品原料对乡镇进行单向输出的经济类型。乡镇则是一个中间过渡环节，介于自然村与县城之间，起到对自然村输出的农产品进行初步的深加工，然后向县城、市区输出的功能，由于乡镇离县城、市区较近，基础设施比自然村齐全，所以也会产生部分类似农家乐这样的体验式经济，由县城、市区向乡镇输出旅游，所以乡镇是以输出初加工的农产品为主，输入体验式休闲旅游为辅的双向经济类型；县城、城市是消费者终端的聚集地，主要是消耗前面环节输入的农产品，是农产品价值转换的关键点，在目前产能过剩的背景下显得更为重要。

2. 惠农政策要能提高农民积极性

在明确县域经济模型的基本主体后，生产端主要以输出农产品原料来实现价值转换，改良更换生产品种后，在过渡期同样能够实现基本保障。推进农业的现代化发展离不开品种的优劣更替，然而大多数农民思想保守，也不懂农业认证补贴政策，不愿意轻易将沿用多年的品种更换掉，其主要原因是在更换后的过渡期没有可观产量，大多数情况下没有提供给农民愿意接受的过渡方案，一般要几十上百亩才能获得认证补贴。另一个是新品种的销量能不能超过原有的品种，况且补贴资金也只有一次，所以现有的种植福利大多数农民没有得到。目前由政府主导农业产业项目，考虑的第一核心问题就是农民的当下利益是否受损，在农民必然获利的前提下才会推进项目，这虽然是为农民考虑，但通过政府主导大多数情况就会演变成农民过度依赖政策红利，这样就会减缓农业改革创新的进度，想要让农民跟上创新的步伐就要转换思路让其主动寻求改变，需要用市场的行为来协助政府促使农业改革。

3. 实现种植福利关键是农产品销售

农民生产出的农产品销售出去，才可以实现价值的转换。目前大量的农产品出现滞销问题，主要有两个原因：一是生产端缺乏市场供求信息资讯，产能过剩导致同质化竞争，需要国家依据大数据的分析来进行顶层的全面规划加以解决；二是特色产品缺乏品牌意识，无法实现差异化竞争。目前市场上大多数的县域经济发展方案还是从生产端开始考虑，或者从产业链中间的某一环节着手发力，在产能严重过剩的大背景下，在没有打通消费流通渠道前，产品的品牌运营模式几乎是不可能的，而"品牌运营商"是运用逆向思维，将品牌运营作为抓手，突出差异化竞争，让品牌成为地方特色名片，同时解决渠道和消费者端问题来带动生产端，自然进行产业结构调整，从而实现供给侧改革。

4. 品牌运营商起到重要作用

实现农民种植福利的关键是农产品销售，打通销售渠道的前提是需要一类专业运营品牌、渠道、消费者端的执行机构——品牌运营商，品牌运营商需要站在企业的角度，以市场行为导入，筛选有长远眼光、敢于创新、产品优质的农户进行品种改良合作，通过帮助第一批农户创造福利保障来带动生产端实现全面品种改良。品牌运营商将从两个方面对农户建立福利保障，来促使农户积极参与品种改良。一是为农户免费引进改良种苗，引进种苗与培育技术，农户负责看管，共同拥有种苗的收益权，通过合作的模式将种苗变成农户与品牌运营商的共同财产，种苗培育越好产生的价值就越大，农户能够自愿配合规范管理。在种苗成长的过渡期，可以运用套种、林下养殖、认领放养等方法，产生一定的短期收益。另外，还可以给合作农户垫付基本的生活费用，承诺从合作的种苗产生价值后扣除，解决农户合作创业成本的问题，可以调动农户的积极性和责任心。二是品牌运营商需要将改良的农产品进行品牌打造、管理、运营，只对合作改良符合要求的产品进行销售，并且在成功销售后，通过消费福利卡给到农户一定比例的积分福利，品质、产量越好销售后的积分福利会越多，通过积分福利累计解决农户生老病医的后顾之忧，激发农户的积极性和责任心，从而解决农户被动接受新技术的尴尬局面。

5. 构建一乡一品农创品牌运营体系

在农产品销售中经常可以看到，一方面大量的农产品卖不出去，而城里人又不知道从哪里买到放心的农产品。目前的农村电商解决的是工业产品下行问题，没有能够从根本上解决农产品上行问题。另一方面，农产品价格低廉，有的还存在安全隐患。农民种地不但不能致富，如果老天不给面子，连温饱问题都无法解决，更谈不上种田种地有医疗、养老、保险、救助等福利保障了。一乡一品品牌运营体系里的种植福利是让农民种田能获得积分，积分能解决农民的医疗、养老、保险、救助等福利保障，为老百姓创造获得积分的机会。在种植方面，参与品牌运营商运作的农业项目，不但工作能获得工资，还可能获得奖励积分，同时，种植品牌运营商提供的农产品种子可能获得积分，使用品牌运营商提供的改良土地的高科技产品能获得积分，种植一定量的特殊农产品可能会获得积分，等等。这样的方式不仅能让农民种植获得能解决生老病医保障的积分，还能把国家要推广的土地改良、品种改良等措施植入和有效推广，保障中国的粮食安全。所以，一乡一品农创品牌运营体系的建设，将从根本上解决农民靠天吃饭的问题。整个项目站在全球农业发展的高度，立足中国每一个乡/镇/街道的产品销售、文化传承、经济发展。整个农创体系的有效建设通过大数据的技术支持，以消费福利卡为载体，实现农民有种植福利、品牌打造有福利、消费有福利，对建档立卡贫困户还设有兜底福利，从而达到人人有福利，最终实现"农民种田获小康、企业盈利可持续、居民消费享健康、全面消费有保障",实现乡村产业振兴、人才振兴、文化振兴、生态振兴、组织振兴,推动农业全面升级、农村全面进步、农民全面发展,建立新型的农业生产、销售和消费福利模式。

二、品牌福利

品牌福利是指农民种植的农产品通过品牌塑造后,通过一乡一品专区销往全国各地获得品牌保值和积分增值的福利保障。品牌背后是品质,是产品给消费者留下的深刻的综合印象,是连接消费者端和产品端的一条精神导线,一乡一品农创品牌运营体系只销售品牌产品。品牌福利也就是成功打造出品牌的保障机制。

1. 品牌福利促农业生产要素优化配置

一乡一品之所以只销售品牌产品,是要通过这种市场行为促进农业生产要素的优化配置,促进农业供给侧结构性改革,增强品牌农产品的市场竞争力,助力国家品牌强国计划。如果当地品牌运营商负责包装和销售产品,农民仅仅是供货者,那么品牌运营商在收购农产品时不仅按市付钱,还会赠送农民积分福利,也就是农民卖农产品能获得积分。当然这里的农产品必须是品质农产品,只有农民种出好的农产品,当地品牌运营商才会收购或帮其销售,如果种的产品不好,就没有人要。为了获得种植利益,为了获得卖农产品的积分福利,农民就会主动种植品质农产品,从而促进农产品品牌建设的良性循环发展。

2. 打造乡镇品牌落实品牌福利

乡镇从产业链功能上看是中间渠道环节,起到连接生产端和消费者端的作用,是调节供需平衡的核心枢纽。所以,在乡镇打造品牌就成为可能和必然。另外,在乡镇打造品牌相对成本低,这也是落实品牌福利的有利条件。所以,最适合建立品牌运营商的主体是需要发展品牌的乡镇,一个乡镇建设一个品牌运营商,便于以"我为家乡代言"者的身份打造乡镇品牌落实品牌福利。挖掘品牌的文化内涵可将"乡"的行政概念升华为"家乡",建立一乡一品品牌运营商体系对传统县域经济体制的创新改革,建立县域福利保障网必将起到重要作用。一乡一品品牌运营计划同时抓住了需求侧和供给侧,成为了县域经济的调控"开关",为建立县域福利保障网做好了基础和运营体系。

3. 品牌运营商执行品牌落实

我国农业品牌意识薄弱，企业想要独立打造自己的品牌缺少条件、成本高昂，并且不是一朝一夕能够完成的，打造一个品牌不是简单地注册一个商标，而是要通过长期的品质把关、心智植入、口碑沉淀、渠道管理等工作才有可能实现。品牌运营商是以品牌"加工厂"为定位设立的专业机构，负责产品内涵挖掘、品质与营养特征升级、产品品牌塑造、品牌溯源管理、品牌质量跟踪、品牌产品市场入口把关、品牌产品品质责任追究、品牌销售渠道对接等等，是落实品牌福利的执行机构。品牌运营商不仅可以自己做品牌，也可以与当地生产型企业、农户合作共同打造品牌或者为已有品牌的企业提供渠道服务，降低企业成本，辅助其良性发展。

三、消费福利

消费福利的解决方案是以《互生经济学》为理论指导，通过大数据技术支持，把消费资源和企业资源进行格式化整合形成消费资本力量，用消费资本的延伸应用来实现买卖互利的循环经济模式。这种模式是在原经济秩序下循环延伸发展，让消费者也能参与企业盈利分配，形成自然的生态机制，从而建立缩小贫富差距的循环经济体系，形成社会各资源之间互惠互利的互生经济形态，且生生不息永续发展。

1. 通过消费得到福利保障

现有的消费模式是老百姓拿钱购买日常生活所需产品，如肥皂、洗衣粉、衣服、农用工具、种子、化肥等。企业为了吸引老百姓消费一般通过打折的方式促销，传统的购销模式，使整个市场不可避免地进入价格战的恶性竞争，严重地削弱了老百姓的消费积极性。消费福利解决方案是消费者通过消费就能建立自主的生老病医社会化保障体系的综合解决方案。消费者只要持消费福利卡消费捡积分，并将积分进行投资，积分投资的含权持股将使消费者终身受益，形成自主化的消费福利保障体系。不仅如此，消费福利解决方案在消费者不用多花一分钱，正常消费的情况下，满足了生存、养老、医疗等后顾之忧，同时积分福利实现越消费越有钱，从而扩大内需释放消费潜力，当消费者每月积分投资分红时有30%作为定向消费金，不能兑现只能用于指定的消费，会优先导向一乡一品品牌运营商把关的优质产品，带来稳定的购买力，从而打通消费渠道。

2. 消费福利方案解决原理

消费福利模式是通过互生大数据系统平台，采用新型的共享经济模式为企业提供多元化的系统增值服务，企业向平台自愿支付消费金额一定比例的增值服务费，平台将这笔增值服务费的一半以积分的形式格式化分配给持卡消费者，另外一半也格式化地分配给农创品牌系统的各级资源单位，从而实现一乡一品品牌运营商（发卡企业）的持续盈利。积分分配给消费者带来了二次分配的收益，积分投资月月分红又给消费者带来了三次分配的收益，从而解决消费者的后顾之忧。通过市场买卖行为完成消费者的自主消费福利保障体系建设，市场培育了购买力，让经济进入良性循环且持续发展。

3. 利用消费福利建立县域福利保障网

消费福利是建立县域福利保障网最重要的一环，其的定向消费金是用于引导消费方向，在起到对市场进行调控作用的同时，由一乡一品品牌运营商体系做好对接、服务、管理工作，从而逐步实现种植福利、品牌福利的全部方案。一乡一品品牌运营商通过使用消费福利保障系统和消费福利卡，吸引消费者上门消费，同时锁定消费者的终身消费行为，实现一乡一品品牌运营商与消费者终身互利。企业发卡越多，收益越大，一乡一品品牌运营商给消费者积分越多，消费者的收益越大，消费购买力就越强，一乡一品品牌运营商的收益也越大，不仅降低经营成本，增加盈利点，还实现了一乡一品品牌运营商持续盈利，增强了打造品牌的能力。农村老百姓购买日常生活所需日用品也能获得积分和福利。积分投资后来年月月分红，分红的钱又去消费掠积分，这样经过一定年限的积分累计，根据消费福利卡的好处和积分福利，农村老百姓的医疗、养老问题自动化、格式化地得到解决。

四、兜底福利

消费福利保障方案对应着产业链的生产端、中间渠道环节和消费者端，基本构成了县域经济产业链的福利保障架构。为了完善产业链的福利保障，针对贫困户、低保户、丧失劳动能力人群、留守儿童、孤寡老人等社会弱势群体实施兜底福利方案。建立兜底福利机制是助力打赢脱贫攻坚战，消除贫困，实现乡村振兴的前提条件。兜底福利机制的最大特点是能借助互联网工具，汇集社会上零散的爱心救助，实现自发、精准、透明、长效的救助，为政府分担一部分压力。兜底福利保障机制的形成，能够解决社会弱势群体的基本生产、医疗问题，是缓解贫富差距日益加剧的有效方法，是社会各界链接弱势群体的爱心桥梁。

1. 兜底福利达到的目标

我国要实现全民小康就必须打赢脱贫攻坚战，县域产业链是贫困的多发区，所以必须建立长期有效的社会兜底福利保障机制来防止返贫，并且对已经脱贫的弱势群体也要建立完善的慈善救助机制，兜底福利方案是县域福利保障网的的补充和完善，是县域产业链稳定发展的基石。兜底福利主要为政府已经建档立卡的贫困户实施精准扶贫、实现永久脱贫。建档立卡的贫困人员有了消费福利卡，通过爱心捐赠、一对一认领、亲人帮助等多种方式，使其消费福利卡的积分投资达到1万分，实现永久脱贫、永不返贫。积分投资达到1万分时，对应的持卡贫困户从第二个月开始，终身享受积分投资分红，平台根据具体情况制定并实施相应的保障方案，确保达到国家脱贫标准（现在的标准是每月分红不低于300）；积分投资达到1万分时，对应的持卡贫困者享受终身的免费医疗补贴计划，作为政府医保的补充，最高可以报销40%的医疗费用，彻底解决贫困者的医疗费用问题。建档立卡的贫困户每月生活来源有保障，医疗有保障，将彻底脱贫永不返贫。

2. 兜底福利方案的原理

完成兜底福利保障机制的基本原理是运用消费福利卡的积分福利模式来建立长效慈善救助机制。通过一个身份证号只能注册一张消费福利卡号的唯一绑定规则，运用大数据分析和实地考察可以筛选出没有消费能力的人群对应的消费福利卡号，以此建立社会化的兜底支持，可精准实施慈善救助。除了消费福利卡原有的功能，针对建档立卡贫困户，积分福利还有特殊兜底政策，只要注册了消费福利卡后积分累计投资达到1万分，将实现按月300元的兜底支持，直到永久脱贫为止。

3. 兜底福利方案的执行

兜底福利方案的全面落实只依靠政府是不够的，需要动员社会力量协助政府共同完成。通过公开公布评估后需要救助的消费福利卡号，对应卡号积分投资数额以及受助者同意公开的信息，让爱心志愿者自由选择救助对象。两种基本模式：一是一对一消费积分认领救助，爱心志愿者将日常消费获得的积分捐赠到认领对象的消费福利卡上；二是多对一消费积分捐赠救助，在举办活动或者集体采购帮扶地区产品时，将积分捐赠到救助对象的消费福利卡上。

4. 脱贫兜底福利的申请

脱贫兜底人群必须是当地政府建档立卡的贫困者，为了不影响受助者的心情，救助兜底卡不另行设计，仍使用标准的消费福利卡，只是在系统内备注脱贫兜底信息，对其所持的消费福利卡进行脱贫兜底标注。当其系统内收益超出脱贫兜底标准时，将取消其脱贫兜底政策享受资格。通过其他途径已经实现脱贫的持卡兜底人群，也将被取消脱贫兜底政策享受资格，而丧失劳动能力的脱贫兜底贫困人群，则永久享受脱贫兜底政策支持。

五、人人福利

实现人人福利的意义在于为县域经济可持续发展提供保障基础，为进一步改革做好铺垫工作。科技高速发达的今天，自动化大量地替代了劳动生产力，不久的将来可能除了服务行业还会聘请人工，其他的行业都会大量使用机械自动化，如果没有提早建立好福利转换机制，大多数人不仅享受不到科技带来的红利，还会被科技所替代，而人人福利保障就是运用互联网技术将消费资本转化为消费生产力，帮助每个人享受科技带来的红利与便利。

1. 消费者人人消费有福利有保障

智能化、自动化的广泛应用，解放出大量劳动生产力，致使消费不足，产能过剩，价格竞争，利润变少。为了改变这种状况，就要突破买卖的不相容，突破单方获利的买卖模式，突破原有的线型单一分配模式，在企业与消费者之间建立一个新型的、循环的、互生互利的、相生相连的、血脉相依的经济发展新模式，让企业的发展与消费者的收益成为一体化的互利体系，将买卖对立转变为买卖互利和创新利益分配模式，实现利益的多次分配，解决消费者想消费、敢消费还有钱消费的问题，让消费者越消费越有钱，并且人人有福利有保障。平台的消费福利解决方案是消费者通过消费就能建立自主的生老病医社会化保障体系的综合解决方案。消费者只要持消费福利卡消费捡积分，并将积分进行投资，积分投资的含权持股将使消费者终身受益。

2. 建立伴随人终生的福利保障机制

消费福利解决方案把消费资源和企业资源进行格式化整合形成消费资本力量，用消费资本的延伸应用来实现买卖互利，这种模式是在原经济秩序下循环延伸发展，让消费者也能参与企业盈利分配，形成自然的生态机制，从而建立缩小贫富差距的循环经济体系，形成社会各资源之间互惠互利的互生经济形态，且生生不息永续发展。消费福利卡在积分店消费时捡积分，通过消费积分的含权持股来实现消费者的持续盈利。随着消费的时间越长积分越多股权收益也越大。各种养老保障从消费者日常消费积分积累而成，多有多保，少有少得。消费福利卡的使用将随着消费者的消费建立一个伴随消费者终生的福利保障机制。同时，消费福利卡一卡通用的积分，帮助企业锁定了消费者的消费行为，建立起商务流通利益共同体，平台和网络系统将消费积分进行复合应用，给企业带来新的盈利点，给消费者带来消费增值，实现企业和消费者收益的永续保障。

3. 县域经济发展奠定人人福利保障基础

通过种植福利、品牌福利、消费福利和兜底福利保障方案，可以组合出县域福利保障机制的完整方案，实现县域人人有福利。县域福利保障机制的落实没有改变原有的利益关系，还为产业链各个环节增加了医疗保障、收益保障、品质保障、信誉保障和体制保障，帮助县域建立了产业链的循环经济体系。县域产业链循环经济体系的建立，不但可以拉动内需，增加创业就业岗位，还能通过塑造地方特色品牌激活县域经济，完成供给侧改革，为实现县域经济的可持续发展奠定福利保障基础。平台的目标是给中国13亿消费者每人送上一张消费福利卡，让全国人民共享消费红利，通过4万个一乡一品品牌运营商和8万个社区服务站，调动全国性惠民扶商促销活动，帮助企业促销去库存，帮助农民搞创收。农民有了农创消费福利卡，通过种植获积分，通过销售农产品获积分，通过消费获积分，并将积分进行投资，积分投资的含权持股将使农民终身受益，形成自主化的福利保障体系，这个福利保障体系形成后，将彻底摆脱农民靠天吃饭的困局。

何开秀点题：
怎样建立民企政互利共同体

怎样建立民、企、政三方的互利，《互生经济学》给出了一套完整的解决方案，在互生系统的应用过程中，把第三方系统通过在各区县成立项目公司"组织单位"，然后由"组织单位"通过项目服务来实现为企业和消费者服务，系统通过格式化的分配来实现三方互利。我只想说说民企政三方关系的建设：

民、企、政三者之间的关系应该怎样处理？我们知道国家的执政理念就是执政为民，就是为人民谋福利。如果企业没有发展空间，没有钱赚，就无法生存，就谈不上解决就业，老百姓就要失业，政府就没有税收。只有企业健康持续发展，老百姓收益才能有保证，政府才能更好地执政为民。如果政府没有稳定的收益，就要想办法通过项目赚钱，而赚钱的对象是企业和老百姓，这样就自然难以做到全心全意为人民和企业服务。同样，企业赚钱的对象主要是政府和老百姓，老百姓要赚钱也必须指望政府和企业，三者关系不是互利的，更不是和谐的。高科技的快速发展在给企业带来商机的同时也会带来危机。想拥有高科技需要大量的研发投入，难度很大，没有高科技，企业只能等待没落，如果企业没有足够的发展空间和盈利空间，为保生存必然减员裁员，这也是造成失业加剧和纳税减少的原因，企业的持续发展没有老百姓的消费和政府的支持也难以实现。如果老百姓失业，又没有创业能力或创业空间，只能指望企业招工和政府的帮扶。这三者之间是共生共荣的。

企业发展举步维艰。发展高科技一需要技术，二需要资本，而且高科技的快速发展与科研成本也不是普通企业可以承受的。传统实体企业的自动化发展与智能化发展速度也在加快，互联网趋势下的实体企业也被价格竞争给逼入绝境，中小企业发展步步艰难。小微企业的生存空间就更狭小。农业农村热闹过后，直面的是怎么才能把农产品销售出去，销售环节成为农业农村发展遇到的大难题。

消费者面临的困难：就业没有适合的工作，创业没有适合的项目。大家都说企业招工很难，难在两个方面：一方面是企业用人成本高，普通企业效益不稳定也提供不了高待遇，加上员工的生活成本也高，用人单位提供的待遇可能连员工自己都养不活，所以招不到人；另一方面是用人单位的专业性强，技术要求高，普通员工根本就是望尘莫及。消费者没有赚钱的途径，赚钱太难就省钱，省钱就不消费或少消费，买便宜货，使假冒伪劣泛滥，经济导入恶性循环。

通过互生第三方系统的普及使用，就能够为地方政府和地方企业以及地方消费者解决以下问题：

1. 为消费者提供生存保障。消费者通过使用消费福利卡在正常消费时把商家的让利积分汇集在消费福利卡上，就可以解决后顾之忧和生存保障，消费越多积分越多，积分福利就越多。过程中不增加企业负担、不要消费者多花一分钱、不要政府补贴一分钱，完全通过消费积分分配来实现消费者后顾之忧的解决方案。

2. 为企业提供多项专业服务：

（1）为地方乡镇建立品牌运营体系，为地方产品塑造品牌并销售产品；

（2）为品牌企业提供品牌渠道和产品销售；

（3）大力发展服务业，为服务业的网络化管理提供技术支持；

（4）为社区物业管理实现"去物业化"提供升级技术支持；

（5）为企业产品提供溯源管理服务，保护品牌企业的产品不被假冒；

（6）拉动内需、调整产业结构，扶持品牌企业，推进品牌发展。

3. 协助地方政府建立社会服务体系：

（1）完成贫困人群的社会化兜底保障体系建设；

（2）建立地方长期慈善服务机构，服务地方需要帮助的人群；

（3）建立大数据咨询服务站，为企业的健康发展提供真知灼见的咨询服务；

（4）建立消费积分投资的咨询服务对接，推进产业结构调整；

（5）解决地方政府税收以外的财政收益，补贴地方财政收益。

这项解决方案将由专业公司提供对接服务，希望地方政府的相关部门能够与时俱进，大胆创新，探索经济发展的新路径。

第十二解
怎样建立民企政互利共同体

县域经济作为国民经济的重要组成部分，其发展如何，直接影响到城乡居民增收、社会稳定、政权巩固乃至国家战略目标的实现。走可持续发展之路，是县域经济发展的唯一选择。

近年来各地县域政府针对县域经济滞后的问题和可持续发展的要求，服从国家宏观调控的需要，坚持县域经济长期持续、稳定、协调发展的方针，推广可持续农业，走绿色工业化之路，发展生态小城镇；搞活个体、私营经济；开拓农村大市场，坚持科教兴县；建立县域经济可持续发展的综合决策机制和协调管理机制，从全局和战略的高度，充分认识加快县域经济发展的重要性，增强紧迫感、责任感和使命感，明确发展方向，理清发展思路。

一、农民有保障、穷人有兜底

为了实现县域经济的持续稳定发展，各地县域政府紧紧抓住当前发展县域经济的有利时机，结合当地实际，提出了符合当地县域经济发展的方针和一系列实施措施，围绕推动县域经济发展的主体——农民和乡镇企业提供大力扶持，形成了抢抓机遇、真抓实干的良好局面。

1. 农民有保障

围绕县域经济最为重要的农民问题，县域政府在不断优化提升公共服务的同时，建立了城乡统一的义务教育体制、公共医疗卫生体制、社会保障体制和劳动力就业体制，促进城乡义务教育的均衡发展。改进医疗机构和卫生资源的合理配置，全面落实农村最低生活保障，加快全面推行新型农村合作医疗制度，并建立起覆盖城乡的就业援助体系。此外，县域政府在保护农民的土地财产权、促进义务教育和基本医疗等服务平等化，在减轻农民负担等方面也不断加大投入力度和监管力度。

2. 穷人有兜底

针对贫困人群，县域政府进一步细化实化了产业发展脱贫、转移就业脱贫、易地搬迁脱贫、教育扶贫、健康扶贫、生态保护扶贫和兜底保障等扶贫重点任务，立足贫困地区当地资源禀赋，以市场为导向，通过产业扶持，帮助有劳动能力和生产技能的贫困人口增收脱贫。通过易地扶贫搬迁，帮助贫困地区的人口脱贫。通过将符合农村低保条件的建档立卡贫困户纳入低保范围，并动态调整农村低保标准逐步达到国家扶贫标准，实现社保政策兜底脱贫。针对特困供养人员、低保对象、建档立卡的贫困人口和因病致贫家庭重病患者提供资助参保参合、特殊门诊救助、住院救助、一次性定额救助、重特大疾病救助和困难学生资助等兜底帮扶。

3. 精准扶贫脱贫

《中共中央国务院关于实施乡村振兴战略的意见》中明确指出，乡村振兴，摆脱贫困是前提。所以，县域政府必须坚持精准扶贫、精准脱贫，把提高脱贫质量放在首位，除了瞄准贫困人群精准帮扶措施外，激发贫困人口内生动力才是保证脱贫后不再返贫的根本，提升贫困群众发展生产和务工经商的基本技能是更长效的机制，只有切实解决包括贫困人群在内的农村居民的创业、就业、生存、医疗和养老等后顾之忧问题，农村居民才能安居乐业，才能更好地支持当地政府推进县域经济的稳定发展。为了达到精准扶贫精准脱贫的目标，国家针对居住在条件恶劣的偏远自然村和居住在地质灾害隐患点等地的建档立卡贫困户建设造福工程，实施扶贫到户的扶贫政策。通过扶持生产和就业发展一批，通过易地搬迁安置一批，通过生态保护脱贫一批，通过教育扶贫脱贫一批，通过低保政策兜底一批，广泛动员全社会力量参与扶贫。

二、企业有发展、经济可持续

县域经济产业由于多是以农村经济为基础，所以在发展过程中一直处于相对弱势的状态，这也是我国城乡差距不断拉大的主要原因。相对于大中城市，县域经济在产业发展水平、产品销售渠道、收入来源、持续稳定发展等方面都有较大的差距。尽管县域经济产业发展在县域政府的大力扶持下呈现出良好的势头，但仍存在着产业结构不合理、销售渠道不畅、生产要素不足、项目投入力度小等问题，需要通过时间和完善的方案来加以解决。

1. 培育县域企业发展

针对县域经济产业普遍存在结构不合理、缺乏项目支撑等问题，各地县域政府采用加大招商引资工作力度、引进先进管理技术的方式，整合现有经济资源，使其得到充分而科学的利用。通过培育扶持企业，达到发展本地经济、促进就业、提高人民生活水平的目的。安徽六安市采取政府组织牵头，让一个（多个）非公企业与一个（多个）村或者乡镇直接相联系，推出由企业与政府共同扶助农村特色经济发展的项目。通过"公司+农户+基地""公司+农户+园区""公司+农村专业合作社"模式的产业开发型、基建项目带动型、就业扶持型、智力帮扶型和慈善捐赠型等合作方式培育当地龙头企业。

2. 促进县域创业就业

县域经济的发展需要稳定的的增长，稳定增长很大程度上就是保就业，就业稳定收入就会增加，民生就会逐步改善。增进民生福祉是县域政府工作的根本，而增加就业岗位是保障民生的根本。县域传统产业的发展放缓，扩大创业就业自然受限，着力发展"新模式"，必然要催生新技术、新产业和新业态的成长，在这个过程中也会创造更多适合高素质年轻群体的新型岗位和创业机会。发展传统产业，并非完全摒弃过去，而是要在过去的基础上融合新技术发展出新的方向，无论是智能制造、大规模的定制化生产，还是被视为未来图景的物联网都是如此。这不仅是长远的策略，也是眼前的需求，更是实现县域经济转型和就业转型、促进县域经济发展的需要。

3. 县域经济可持续

为实现县域经济的可持续发展，我们看到各地县域政府针对不同县域在市场、原材料、生产条件、自然资源状况、交通设施以及发展战略规划等方面的差异，采取县域经济发展的道路也不尽相同。由于县域经济具有工业与农业、城市经济与农村经济相结合的特点，县域循环经济发展的重点在于工业和农业循环经济体系的建立与发展，绿色招商和绿色发展理念也最切合当前发展的方向。在县域农业循环经济体系建设中，河南省新郑市通过把种植业和林业、牧业有机结合起来，在它们之间建立起相互促进和利用的关系，利用农业产业模块之间的链接关系来实现能量与物质的循环利用。通过创新农艺或工艺措施，将作物秸秆、牲畜粪便、农畜产品加工剩余物等农业有机废弃物综合利用，使废弃物资源化、能源化，多层次利用。尽量减少化肥、农药和白色污染物的使用量。将农业的集约化与规模化、农业生态循环、农业产业链条延伸、生态农业模式探索与可持续发展实验区建设有机结合起来。

4. 县域产业融合发展

乡村振兴，产业兴旺是重点，必须坚持质量兴农、绿色兴农。在国家不断夯实农业生产能力基础，倡导质量兴农，构建农村一、二、三产业融合发展体系的过程中，培育各类专业化市场化服务组织，推进农业生产全程社会化服务，发展多样化的联合与合作，打造区域品牌，对接市场，扶持小农户发展生态农业、设施农业、体验农业、定制农业，提高产品档次和附加值，拓展增收空间。县域政府改善小农户生产设施条件，建立地方名片，建设地方品牌是培育乡镇企业提高创新力、竞争力、拓宽渠道的有效支持，只有作为县域经济发展主体的各产业解决销售渠道问题，才能稳定存续下去，再通过提升产品品质、树立品牌才能大踏步发展下去，最终不断壮大成为当地龙头企业，带动县域经济稳步持续的发展。在农业生产上，实行种植业、养殖业、农产品加工业三大产业的内部循环和种养殖、加工的区间循环，以种养结合为基础，种养加一体化为重点。在此基础上大力开展招商引资，拓展农业在纵向与横向上与其他产业和部门的联系，延长产业链，带动农业加工业和旅游观光业的发展，在节约、高效利用土地资源、水资源和能源的基础上，实现生产、生活和生态的协调。通过有效利用外来投资，弥补地方经济发展的资金缺口，提升县域整体企业技术水平和管理水平，提高经济增长的质量和效益，优化产业结构，增加财政收入，扩大社会就业、改善农民生活、拓展外部市场的需要。

三、国家有利税、政府有收益

作为县域的管理者和县域经济持续发展的推动者，各地县域政府在国家政策指引下的管理过程中肩负着重大的使命和职责。发展地方经济离不开资金的投入，作为中央政府与地方政府共享的财政收入主要来自税收，其中企业的增值税和所得税是最为重要的来源之一。

1. 县域税收存差异

一直以来，由于市场规律的作用，越是区域位置好、经济相对发达、基础设施比较好的地方，所蕴涵的商机就越多，外来资金投入量就越大。而越是封闭落后、资金紧缺、发展程度滞后的区域，因商业劣势导致引进外来资金和项目的可能性就越小。相对于沿海地区，没有一定优势条件的内陆县级区域招商引资工作的难度就比较大。县域政府因招商不畅导致税收收入少，地方财政困难，几乎没有资金支持经济建设，政府调控经济的能力很低。一些乡镇债务长期居高不下，严重影响了基层管理的正常运转，一些乡、村债务包袱沉重，有的乡镇和村级政府由于长期入不敷出，债台高筑，经济发展困难重重。由于县域经济的自我积累不足和自我发展能力不强，难以充分发挥财政杠杆的作用，推动经济发展的能力弱化，县级政府可调配资金十分有限，严重影响到县域经济和社会事业的发展。

2. 发挥好税收职能

乡村振兴战略的实施为县域经济迎来迅猛发展的大好时机。国家大力推进体制机制创新，强化乡村振兴制度性供给。以完善产权制度和要素市场化配置为重点，激活主体、激活要素、激活市场，着力增强改革的系统性、整体性、协同性，汇聚全社会力量，强化乡村振兴人才支撑，全面建立职业农民制度，加强农村专业人才队伍建设，发挥科研人才支撑作用，鼓励引导工商资本参与农村振兴，鼓励社会各界人士投身乡村建设。开拓投融资渠道，强化乡村振兴投入保障，建立健全实施乡村振兴战略财政投入保障制度，公共财政更是大力度向"三农"倾斜。健全适合农业农村特点的农村金融体系，强化金融服务方式创新，提升金融服务乡村振兴能力和水平。在税制及征管体制改革背景下，各县域税务部门充分发挥税收职能，以组织收入为中心，以服务全县重大项目建设为抓手，以服务与精细化管理为重点，实行全程跟踪服务、精细化管理，积极为重大项目建设提供良好的税收环境，有效促进税收的快速增长。

3. 构建利益共同体

全面建成小康社会，不仅仅只是要解决贫困人口彻底脱贫的问题，还要建立县域民企政三方之间的利益共同体，只有企业健康持续发展，老百姓的收益才能有保证，政府才能更好地执政为民。县域政府要为县域经济发展主体的农民和乡镇企业谋取更多福利，实现共同富裕，要提供可持续发展的项目，实现百姓创业就业和企业转型升级项目，要提供更好的生活环境和营商环境，并将两者的利益有效链接，突破买卖的不相容，形成互利共赢的格局，要坚持以保障农民为主导，以发展乡镇企业为核心，以构建民企政利益共同体为方向的工作思路，着力解决好服务主体、运作主体、发展路径、长效机制等关键问题，在县域经济发展过程中，形成农村居民、乡镇企业、当地政府与国家多方互利共赢的利益共同体，让农业成为有奔头的产业、农民成为有吸引力的职业、农村成为安居乐业的美丽家园。

  县域政府在推动县域经济发展过程中的困难主要集中在农民保障和企业发展的平衡问题上，传统的治理方式往往是针对单点进行纾解，没能形成一整套完整的互利循环的解决方案，在国家大力倡导大众创业、万众创新和鼓励全社会人才和工商资本下乡的前提下，地方政府在完善配套生活环境、生产环境等基础建设的同时，还需要不断学习、引进兼顾多方利益、可持续发展县域经济的创新模式，并进行大力推广和应用。

参考文献：

1. 杨延哲，张教平，李世杰，董冰. 绿色招商与县域经济可持续发展[J]. 地域研究与开发，2007(10).

2. 黄日涛. 以产业发展为核心打造利益共同体促进村级集体经济发展[OL]. 百色新闻网. [2018-01-19]. http://www.jingxi.gov.cn/index.php?a=show&c=index&catid=22&id=48675&m=content.

3. 社论：发展"新经济"，通过创新与变革促进就业[N]. 南方都市报，2016-5-8.

附录：

《中国改革报》
互生系统：颠覆传统消费的理念

李秀平

北京互生经济学研究院近日荣获"信用中国·2015年度民生示范企业"，专家点赞称，该院研发的互生系统平台，提出的不仅是一个商业操作系统，更是一个现代商业法则。

互生经济学理论提出，今天的经济发展已从技术资本、货币资本过渡到了消费资本时代。也即是说，企业就算有钱有技术，也不一定能保证盈利，只有拥有消费资源，才是企业盈利的唯一资本。

互生系统平台的解决原理是以"资源整合、互利共赢"为主要内涵，构建科技、金融、企业和消费者为一体的互生网络系统和新型的消费权益再分配模式，全面整合社会资源，集资源共享、利益共享、金融流通、商务流通、信息交流、广告宣传、消费增值为一身，满足多方需求，用一卡通用积分帮助企业锁定消费者，建立商务流通利益共同体，用互生网络系统将消费积分进行复合应用，给企业带来新的盈利点，给消费者带来消费增值，最终实现企业和消费者皆有永续保障。

"我从不研究别人的成功，只关注别人和自己失败的原因，寻找失败的根源，并找到解决办法。"北京互生经济学研究院院长、互生经济理论创始人、《互生经济学》著作人、互生系统资源整合核心技术发明人、深圳市互生科技有限公司董事长何开秀如是说。

30年间曾从事30多个行业

她没有名牌学府的文凭，也没有什么骄人的成就。但是，她有坚忍不拔的顽强意志，她有百折不挠的探索精神，她有从事30多个行业的丰富经验。而这一切，她用了30年的时间去拼搏奋斗。30年对一个人的一生来说不算短,从一个人的人生价值观形成到关注社会问题、从寻找问题的根源到寻找解决办法的探索、从技术可操作性研究发明到市场观念的培育、从人们的接受到政府的理解和支持,她能走到今天确实难能可贵。

宝剑锋从磨砺出,梅花香自苦寒来。近日,在人民大会堂举行的"第十一届2015中国企业诚信与竞争力论坛峰会"上,互生系统平台凭借其高成长性及出色表现,荣获"信用中国2015年度民生示范企业",何开秀作为互生经济学发明人入选"推动信用中国推动产业经济发展十大改革新闻人物"。

企业成功之道各异但失败却存在共因

她创建的互生经济学研究院,其宗旨是:相信科学、尊重自然、实事求是、研究进取。准则是:以人民利益为首、以国家利益为重、以企业发展为本、以社会和谐为主。由此可见,她的胸怀与胆识。

《互生经济学》正是何开秀针对市场经济发展大环境,对个性企业发展中遇到的问题根源进行探索、研究,而后完成的一部新经济理论著作。互生并没有去关注企业成功的经验,而是注重寻找失败的原因。互生认为企业的成功有很大的个人因素,而企业的失败却有共同的原因。为了寻找到共同原因的解决方案,何开秀前前后后经历了30多年、30多个行业从业的探索,才完成了这套《互生经济发展模式》,这套模式可以实现消费增值拉动消费增长,解决企业在运行中遇到的共性问题,促进企业的可持续发展,化解企业经营危机。

打破买卖不相容思维,进而实现买卖互利

互生经济学理论认为,在科技高速发达的时代,科技自动化将解放大量的劳动生产力,如果没有一套互利的发展模式来满足高科技时代的经济发展,社会将加快进入恶性的循环链。而互利的发展模式,就是要打破买卖不相容的思维,实现买卖互利。

互生经济学理论提出,今天的经济发展已从技术资本、货币资本过渡到了消费资本时代。也即是说,企业就算有钱有技术,也不一定能保证盈利,只有拥有消费

资源，才是企业盈利的唯一资本。敏感的企业早就看到了这个问题，并都在争取绑定消费者的消费通道。甚至于大打价格竞争战，以省钱来促进消费。

在互生经济学理论看来，企业过分陷入价格竞争，并不能拉动消费，反而会破坏产品价值链，导致企业生存危机、就业危机。再加上一部分消费者的就业机会也被自动化替代，消费市场自然疲软。因此，如何增加消费者收益，这才是问题的核心。

互生经济就是在市场经济发展的进程中，因科技的高速发达，在科技解放大量生产力和产能过剩的背景下，出现的消费经济趋势，再通过互生技术把消费资源和企业资源进行格式化整合，形成消费资本力量，用消费资本的延伸应用来实现买卖互利的循环经济模式，这种模式是在原经济秩序下循环延伸发展，这种循环发展不仅有利于企业的持续盈利，消费者也能参与企业盈利分配，形成自然的生态机制，从而建立缩小贫富差距的循环经济体系，形成社会各资源之间互惠互利的互生经济形态，且生生不息永续发展。互生模式的实施，将实现个人利益、公众利益、企业利益、国家利益的全面互利，形成在一个运营主体下的经济发展模式，是现行经济发展模式的一种表现形式。

最终目标是实现企业和消费者皆有永续保障

据了解，互生系统平台的解决原理是以"资源整合、互利共赢"为主要内涵，构建科技、金融、企业和消费者为一体的互生网络系统和新型的消费权益再分配模式，全面整合社会资源，集资源共享、利益共享、金融流通、商务流通、信息交流、广告宣传、消费增值为一身，满足多方需求，用一卡通用积分帮助企业锁定消费者，建立商务流通利益共同体，用互生网络系统将消费积分进行复合应用，给企业带来新的盈利点，给消费者带来消费增值，最终实现企业和消费者皆有永续保障。

何开秀表示，以互生经济学的解决原理为基础建立的互生系统，已经经过多年理论实践、系统研发、体系建设以及试运营，正以完美的姿态面向社会推广。随着互生系统的普及使用，将非常自然地实现社会资源的重新合理分配，最终实现和谐循环的经济发展模式。这一切只是时间问题，也是我们每个人参与进来的过程而已！

随着互生经济理论的不断发展和深化、互生系统在全社会的普及以及全民持卡消费积分的实现，很多社会问题都能得到解决。比如，养老资金问题、免费医疗资金问题、企业用人成本问题、社会治安问题、低保生存资金问题、企业诚信经营问题、市场经济发展的平衡问题、剩余价值的合理分配问题、个人信用问题、国家政务管理等，都能在一定程度上得到解决。

对于自己倾注心血的研究成果，何开秀动情地说："我提出互生经济学理论，并研发互生系统的目的，是为了建立一个和谐循环经济体系，推动社会和谐发展。互生系统不是哪一个人的，它是全人类社会的智慧结晶，它的全部收益已定格分配给了社会。互生系统接受人民的监管、国家的监管、国际社会的监管，世世代代永不停歇……"

不仅是一个商业操作系统，更是一个现代商业法则

互生理论特别引人关注的地方在于：

一是通过积分返利，消费者获得社保的概念，把由政府出资建设的社保体系，转化成通过劳动者自己的付出，获得劳动报酬，再把这个报酬转化成购物需求，实现自然社保体系。自然社保体系的出现，将会改变劳动者的基本行为与观念，这个观念即为：不劳动就没有报酬，没有报酬便不会产生购买行为，也不会产生各类保险。这种改变是场重大的社会革命，是人类改变自己消费习惯的重大变革。人类只有通过不断努力工作，才会获得更多的报酬，才会迅速消费，获得更多社保，才会在自己还年轻时，从工作岗位下来去做自己喜欢的事业，才会加快就业岗位的周转速度。而政府出资建立社保的重担，才会转向那些真正需要救助的困难群体；并把社保资金投向那些获得劳动报酬少、消费能力低的群体。

二是通过积分返利，使消费者获得"含权持股"的能力；这个能力通过互生系统平台，可以集合成"消费资本"。通过消费资本，可以对各类行业中的各类项目进行投资，包括投资、参股、合股，以及与商家谈判维护消费者利益的行为。这个策略将会缩小贫富差距，减少贫困群体数量。同时，防止跨国集团、超大集团在一个区域出现垄断市场的情况，防止这些企业的垄断行为。

三是通过对返利的重新分配，加快缴纳各种流转税、增值税的速度，实现对商业企业和个人税收业务的监督、监管。

四是通过普及互生系统全面应用，促进网络经济的可持续发展。由于互生系统与个人身份证号码相关联，个人需要的商品或服务，通过网络获得信息，通过订购实现在生产企业或服务企业直接订购，大大减少了中间环节，减少了成本，降低了价格，最终实现双方获益。同时，帮助企业实现终身锁定消费者的目标。

五是通过普及互生系统，各行业、各级政府都可以获得准确的消费市场的动态信息，为企业、行业、政府决策提供了准确可靠的信息，减少因为数据不准确造成的各类损失。经济学家、相关专家在评估互生专利时说，何开秀研发的这一互生系统，提出的不仅是一个商业操作系统，还是一个现代商业法则，这个法则具有普遍的操作推广意义，这个法则便是第四商业法则。

同时，互生系统又是一部完整的经济理论——互生经济理论，这个理论对全球经济同样意义重大。

从此可以看出，互生经济学描述的不仅仅是一种新兴经济理论，一个企业新的盈利模式、一个消费增值实现方式，还是一个社会问题的解决方案。互生经济学将会是一个未来经济学课题，同时也将引领未来经济社会的发展趋势。

（2015年10月15日）

《中国改革报》
互生系统：社会和谐发展的助推器

李秀平

北京互生经济学研究院研发的互生系统一手牵着企业，一手牵着消费者，通过搭建互利的桥梁，进而实现持续互利。

当前，伴随我国新型工业化、信息化、城镇化、农业现代化的持续推进，中等收入者比重在提高，服务业发展的空间也在增大。今后，我国将更加重视提高经济发展质量和效益，加快转变经济发展方式，积极调整经济结构；注重创新驱动、消费拉动；注重解决经济发展中存在的不平衡、不协调、不可持续问题。这必将促使我国经济凤凰涅槃、浴火重生，保持更为强劲的发展动力。

互生经济学的横空出世，可谓生逢其时。

企业该怎样赚钱

办企业就要赚钱，企业不赚钱就办不下去。可是企业应该怎样去赚钱呢？

"企业要想赚钱，需具备三大条件：货币资本、技术资本、消费资本。"北京互生经济学研究院院长何开秀分析认为，在科技高度发达的今天，科技自动化解放了大量的劳动生产力，大批工人下岗失去就业机会，工人没有工作就意味着市场没有消费能力。纵然先进的技术生产大量的产品，可是市场没有消费能力，产品就卖不出去，市场竞争一激烈，就会大打价格战，导致企业利益受损，员工工资缩水，市场购买力减弱，市场竞争就此陷入恶性循环的状态。这样的现实，已经残酷地摆在我们面前。有人说这叫薄利多销，但现实却是，大环境下的市场购买力弱，企业倒是薄利了，但却实现不了长期多销。

为强调消费资本的重要性，何开秀用疑问句式举了个通俗的例子："企业天天在山上伐木，没有人种树，请问企业能伐多久？渔民天天在河里打鱼，却没有给鱼繁殖的机会，也没有人去养鱼，请问能打多久的鱼？回过头来说说我们的消费者，企业只想着赚消费者的钱，有没有想过消费者的工作都被自动化替代了，工作都没有了，钱又从哪里来？"

当下，不少企业的生存环境不尽如人意，科技的高速发展和生产自动化的普及，使得企业的生产环境成本提高，用人成本也相应增加。消费市场的疲软，自然加大了企业间的竞争。而互联网络的普及，又加剧了消费市场的价格竞争。过去的区域优势、地区垄断、行业控制都被互联网一网打尽。跨界的竞争来得更彻底，有的连对手是谁都不知道，有的价格竞争已经演变到送钱抢人的地步。过去企业花钱做广告吸引消费者眼球，今天企业烧钱直接抢人。表面上送钱是一次消费的优惠，实际是通过科技抢了消费者的钱包。有企业这样问：消费者都去哪里了？企业连消费者去哪里了都不知道，又怎样能赚钱呢。

因此，何开秀认为，在企业赚钱的三大资本中，真正最有价值的还是消费资本。但光靠产品打折和一次性优惠为消费者省钱，已无法满足消费者的最大需求。

那么，企业怎样才能拥有消费资本？何开秀的答案是："只有为消费者创造终身价值，满足消费者的最大需求，企业才有钱赚。"

何开秀表示，互生经济学提供给企业的不仅仅是一种思维模式，而是一整套的解决方案，能够帮助企业轻松实现持续盈利，让企业多赚钱，赚长久的钱。因而，企业家们不能再闭门造船，借船过河、抱团取暖、强强联合才是出路。

企业肩负的社会责任

在何开秀看来，企业赚钱是本分，但企业在赚钱的同时，还应该承担一份社会责任。我们今天所处的历史时期很特殊，首先是科技高速发展时期，科技自动化把普通人推到了社会的边缘，60%的普通人就业将会面临危机。其次是消费市场也遇到了前所未有的瓶颈，市场的消费能力无法拉动。若商人只想着赚钱，而没有想过承担社会责任，那整个市场更是难以实现可持续发展。

在谈到企业的社会责任这一话题时，何开秀略显激动，她说："我们有责任为国家、社会承担一份责任。有人说企业赚钱了就是解决就业，企业纳税就是承担了社会责任。是的，这话也对。但我想说的是赚钱的过程，就是钱是怎样赚来的？我们办企业的目的就是赚钱，但企业赚钱要取之有道，而这个道不仅仅只是财道，还有人道、天道、自然之道、厚道,也有利己之道、利他之道、利众之道。如果在市场竞争中,'狼性文化'熏陶下的商业氛围大行其道,到处弥漫着利己之道、财道,那今天还有什么能够让我们相信的?我们有钱了,可我们的食品不敢吃了,我们的水不敢喝了,我们的药品都让人害怕了,连家都不敢呆了,宁愿去别的国家做二等公民,也不愿意在自己的国家做主人。我们很多人办企业的目的,就是上市圈钱。我们想过以后吗?我们今天的民族企业还有多少话语权?我们的未来在哪里?"

"企业家和商人是有区别的。要想做一个真正的企业家,就必须另辟蹊径,利用商业竞争来重构分配制度,建立循环互利的新机制。这样既能保护资本发展模式,也造福了百姓,还减轻了国家的负担,一举多赢。"何开秀说。

据何开秀介绍,以互生经济学原理研发的互生系统,已正式落地服务于企业和消费者。互生系统把企业的商业模式、盈利模式、分配模式、管理模式、运营模式都镶嵌在系统的制度里,企业在正常经营活动中使用互生系统,既保证企业的持续盈利,又让消费者受益,同时还承担了社会责任。从双赢的角度考虑,互生系统值得企业拥有。

企业与消费者的关系

互生经济学用一个浅显的道理阐明了一个复杂的经济学原理,即:企业和消费者的关系就是鱼和水的关系,谁也离不开谁。企业要想赚钱,就离不开消费者的消费行为,同样,消费者要想找工作,也离不开企业用人。想让老百姓过上有保障的生活,首先就要让老百姓有工作,要有工作就需企业保持可持续发展,企业发展好、有收益才会用人。要企业赚钱就要有良好的经营环境。要消费者消费,就要消费者有钱消费。要消费者有钱消费,就要解决消费者的收益和保障问题。这是社会发展中最大的一对矛盾体。特别是当下,就业问题加大了政府的压力,企业用人成本提高将影响就业环境,企业采用自动化生产产品,成本降低,但消费市场出现问题。消费者没有钱消费,形成恶性循环,易导致社会矛盾突出。再加上互联网络的普及,缩小了地区差异,打破了传统的批发零售格局,众多第三方机构的商业模式冲击传统商业模式,并挤占传统模式的利润,让传统行业的路越走越窄,形成跨界挤压,特别是科技金融的普及,使得消费者的钱包都被捆绑。时时处处地送钱送优惠，让消费市场好不热闹，可热闹的背后，却是大批企业关门、员工下岗。

"要解决消费者的生存问题，就要依靠企业来实现，保护企业家，保护企业就是保民生。我们改变不了竞争格局，但我们可以利用竞争来建立双边的互利。"何开秀说，为了在保护企业发展的同时，实现消费者的生存保障，互生系统利用科技的力量，一手牵着企业一手牵着消费者，致力于搭建双边互利的桥梁，实现双边的持续发展和持续互利。互生也是一个企业，但却不是一个以盈利为唯一目的的企业，而是一个用企业行为来解决社会问题的社会化企业。互生没有和大家做生意，互生为企业提供的是一整套解决方案和技术支持，目的是为企业实现持续盈利、为消费者实现消费增值，促进社会和谐。互生努力突破买卖不相容，旨在实现买卖互利，实现企业与消费者的终身互利，实现企业百年经营，实现消费者的生存保障。

企业未来的发展方向

互生经济学理论认为，企业未来的发展方向绝不是"红海"经济模式，一定是"蓝海"经济模式。经验告诉我们：单方获利的商业模式无法突破买卖关系，竞争模式走到头也是几败俱伤，没有一个是赢家。传统商业模式已无法满足高科技时代的市场发展需求，突破买卖关系是建立新商业模式的关键。未来企业发展的瓶颈，是利润的合理分配问题，但利润的分配恰恰是最难解决的问题。战争也绝不是解决分配的最佳办法，谁都知道发展经济要依靠市场机制，买卖是经济发展的唯一手段，突破买卖不相容，实现买卖互利是建立良性发展的首要条件。

据了解，互生系统就是利用市场的竞争来建立强大的消费资本力量，通过消费资本来形成参与企业投资的货币资本，通过消费资本和货币资本与企业的合作持股来改善分配格局。而企业的商业合作也打破了传统的资本模式，与互生系统代表的消费者合作，既有货币资本又有消费资本，既保障了企业的发展，又维护了企业家的利益，还确保消费者获益。

我们有理由相信，通过实践、探索和完善，互生经济学原理对人类社会的文明将起到积极的作用。因为经济形态发生了变化，人的思想、行为都会随之发生微妙的变化，由此带来一系列的社会进步。

（2015年11月12日）

《中国改革报》
一卡刷出消费赚钱的新商业时代

李秀平

北京互生经济学研究院研发的互生平台让买卖双方实现互利共赢。

企业要赚钱，离不开消费者的消费，而要让消费者消费，就要让消费者有更多的钱消费，也就是要造福消费者。满足消费者的最大需求，是未来商业发展的趋势，是企业赚钱的有效途径。因此，任何恶性竞争都会是死路一条。

能不能用一种办法，来缓解当前消费市场存在的恶性竞争，让企业的生意好做一点，老百姓的生活压力小一点，赚钱的渠道多一点，风险少一点，让科技红利更多地惠泽于民呢？

北京互生经济学研究院院长何开秀提出的互生经济学理论，就是互生互利的好办法。该理论注重为买卖双方建立互利共赢的新型关系，通过企业使用互生系统，在帮助企业锁定顾客终生消费，且实现企业持续盈利的同时，扩大产品的网络销售渠道，通过积分促销吸引消费者多消费。而消费者也通过使用互生卡，把消费时商家给出的让利以积分的方式进行汇集，再把这些积分用来投资，消费者消费越多，积分越多，积分投资分红就越多。消费者通过正常消费的积分收集，就能够解决生存、养老、免费医疗等补贴保障。消费者通过使用互生卡，在消费时攒积分就能够解决其后顾之忧，大大提高了消费者的消费信心，确保消费者敢消费、想消费、有钱消费，从而拉动内需，做大市场，让企业生意好做。随着时间的推移，消费者的积分越多，消费者的好处越大，积分投资所占企业的股权也就越多，消费者的分红比例越大。如此一来，一种新型的消费市场就自然形成。

消费成本变成投资

何开秀就互生商业模式的特点总结出了48个字,即:资源整合,互利共赢;分工合作,取长补短;因地制宜,各尽所长;突破传统,科技领航;降低成本,做大市场;买卖互利,循环持续。

互生卡的许多使用者,对这48个字有着切身的体会。

来自广州的刘大姐在互生系统平台深圳总部分享时说:"当初免费领到互生卡的时候,听说消费就能赚钱,积分年年都能有分红,还能实现免费医疗,感觉太好了,刚开始我也不敢相信。于是抱着试一试的心态开始用这张卡,确实非常方便,我去任何一个有互生标志的店都可以享受积分折扣,让我告别了'卡奴'时代。"

深圳的郭先生说:"最重要的是积分可以直接兑换成人民币,不再是换一些没用的礼品。听人说2014年互生卡的积分实现了100%的投资分红回报,于是,为了分红,我今年用卡的频率特别高。当我的积分达到享受免费医疗补贴规定值的时候,说来也巧,我刚好意外住院了,按照正常的医保报销流程,互生卡给我报销了40%的费用,实在太让我意外了。"

武汉的张女士说:"互生卡太好了,是消费者一辈子都离不开的一张能赚钱、养老,且能免费医疗的保障卡。"

据悉,互生顺应市场的需求,不仅帮助企业做大市场,在实现企业持续盈利的同时,集合消费资源,形成消费资本,建立买卖互利。同时,通过买卖互利,再把消费资本转换成消费生产力,并以此为基础的,重构社会分配规则,实现个人利益、公众利益、企业利益、社会效益的全面互利,进而形成一个运营机构主导下的互利互惠模式,把市场推向了以消费为主的消费资本时代。

何开秀解释说,要让消费形成消费资本,并非一次就能成型到位,而是要经过资源的多次反复应用。而每一次的资源应用都是互利、自由、不强求、不破坏现有秩序且顺其自然的。当前,传统的买卖关系是消费者购买,企业获利,整个消费过程就结束了。企业为了吸引更多消费者前来消费,就会采取薄利多销的促销手法来吸引消费者。这其中,所有的利润只是单纯围绕这个产品流通带来的,消费者无法获得产品的利润分配。而企业的薄利多销,只是体现在价格的竞争上,并没有为消费者创造增值的价值,也就是说,这种消费行为没有创造出消费本身所带来的价值。现有的直销公司也只是把产品的价格提高后,把高出部分的差价直接分配给推销人员，这其实和传统的批发零售吃差价没有区别。而互生系统突破了传统的商业模式，从消费者的需求出发，推动生产和消费双向发展，把消费者从产品链的末端，以投资者的身份提到前端来，使消费者不止于购买产品，同时可参与到企业生产中去，具体表现方式就是让消费者通过消费，就能参与企业的股权分配，使消费和投资有机结合，实现买卖双方从买卖相悖到买卖互利的转变，双方变成有效的利益共同体，促进共同发展。要实现这个转化，又不伤害企业的利益，必须在不改变现有的运行规则，以及实现企业正常和自主化经营，且保障和维护企业利益的前提下，按照正常出资参股的模式来实现。

买卖关系也能互利

何开秀详细阐述了互生理论在现实中的应用，即互生卡通过消费者的消费行为，为消费者攒积分，并把这些积分进行汇集转化成货币资本，以此资本来建立买卖互利的新型关系，用积分的复合应用来实现消费资本的转换，把消费者、消费资本和积分汇集的货币资本相结合，形成推动市场向前发展的消费生产力，从而实现利润的重新分配。而要实现买卖互利，就要把消费资源与企业资源进行有效的格式化整合。把企业和消费者进行有效的对接，既要满足消费者的刚性需求，也要为企业创造最大利润，整个过程不能让任何一方受到伤害，更不能改变现有的买卖关系和分配规则，还要在自由、自愿、自然的基础上形成。

据介绍，互生系统的运行步骤是：消费者正常消费时，企业免费发放一张互生卡，消费者自愿接受一人一卡，并进行实名注册。互生卡已经实现线上线下的跨行业跨地区通用，一卡通用消费积分，一次积分将实现终身持续收益。互生系统平台将消费者的零散积分汇集起来，通过投资发展平台，进行复合应用，并建立新的投资规则，消费者利用积分投资就可以实现年年保本分红。此举最大程度地满足了消费者的需求，保障了消费者的利益。因此，互生系统不但是企业赚钱的工具，也是消费者的福利平台。消费者通过正常消费获得积分，积分积累到一定程度就可以获得互生系统平台赠送的相对应的福利。比如，积分攒到300分时，平台赠送一份3000元/年的意外医疗险和6万元/年的意外身故险。积分投资达1万分时，可获得免费医疗补贴计划。这是互生卡为消费者解决免费医保补贴的过渡卡，最高可以获得40%的费用。

正是因为这张互生卡有如此大的魅力，让消费者难以拒绝，所以能有效地帮助企业拥有长久稳固的消费资源，并实现企业持续盈利的愿望。

企业轻松实现转型

互生的电商系统与线下实体门店以及手机终端APP的三方互动引流，为企业提供了多渠道的经营方式，消费者为获得积分主动上门消费。通过互生的管理和分配，一部分企业可留住消费者进行终身消费，把消费资源转化成为消费资本力量，突破现有商品的盈利点，带来新的盈利增长点。同时，互生对互联网终端系统的运用和普及，直接为企业降低管理成本、广告成本、促销成本，让企业在不改变现有经营模式的情况下，就能轻松实现转型。

何开秀认为，时下市场上有很多这样那样的卡，为什么都无法形成消费资本呢？究其原因，就是企业发卡给消费者的目的并非为消费者创造价值，只是方便和省钱，但省钱不能改变买卖关系，仍然属于价格战的范畴。有些企业为了能够在市场上获得更多话语权，总是制造各种商业噱头来积攒人气，寄希望于以消费者的人数累加来争取买卖主动权，消费者虽被眼前利益回报所吸引而进行消费，但这始终是一种传统的交易关系。

互生系统的诞生，不仅为集合消费资源、帮助企业实现持续盈利提供了解决办法，也为建立良性的商业循环体系提供了技术保障，同时构建了一个货币资本、技术资本和消费资本为一体的新商业格局，让广大消费者在消费中赚钱，让企业在为消费者让利的过程中持续盈利，促使企业自动摈弃丧失诚信、损害消费者等不道德行为，有利于规范市场的竞争秩序，并有效确保消费市场的价格稳定，推动消费市场实现可持续发展。

一张小小的互生卡，"刷"出了持续盈利，"刷"出了消费增值，"刷"出了含权持股，也"刷"出了迈向消费赚钱新商业时代坚实的一大步。

（2015年12月3日）

《中国改革报》
企业盈利不忘民生福利

李 敏

互生经济学认为，经济的持续驱动力来源于市场，没有购买力的市场，任何投资和生产的热度都是暂时的，增加消费者收益才是问题的核心。

这些年来，北京互生经济学研究院、深圳市互生科技有限公司以互生经济理论创始人、《互生经济学》著作人、互生系统资源整合核心技术发明人何开秀女士的《互生经济学》为指导，以互生系统平台为技术支持，专注研究当今市场大环境下企业发展过程中遇到的转型问题、商业模式突破问题、持续盈利问题以及由此引发的民生问题、社会问题、经济危机问题等一系列问题，创建了一整套能使企业持续多方盈利、使消费者实现消费增值保障，不用国家掏一分钱就可轻松解决生存、养老和医疗保障等问题，实现经济良性循环、社会和谐发展的互生经济新模式。通过践行引起了社会各界的高度关注，也取得了良好的社会效益。2015年10月，深圳互生经济学研究院荣获"信用中国2015年度民生示范企业"、何开秀女士入选"推动产业经济发展十大改革新闻人物"。2015年12月，互生系统平台被评为"中国经济新领军企业"，何开秀女士入选"中国经济十大新闻人物"。

互生理念是互生经济学理论的精华

互生经济学认为在科技高速发展的时代，科技自动化将解放大量的劳动生产力，如果没有一套互利的发展模式来满足高科技时代的经济发展，社会将加快进入恶性的循环链。而互利的发展模式就是要突破买卖不相容，实现买卖互利。互生经济学认为今天的经济发展已从技术资本、货币资本过渡到了消费资本时代。企业有钱有技术也不能保证盈利。只有拥有消费资源才是企业盈利的唯一资本。敏感的企业早就都看到了这个问题，都在争取绑定消费者的消费通道。甚至于大打价格竞争战，以省钱来促进消费。互生经济学认为企业的过分价格竞争并不能拉动消费，反而会破坏产品价值链，导致企业生存危机、就业危机。再加上一部分消费者的就业机会也被自动化替代，消费市场自然疲软。如何增加消费者收益，这才是问题的核心。

一张一生在消费的同时把钱刷回来的赚钱卡；一张替父母家人解决医疗免除后顾之忧的孝顺卡；一张帮助企业锁定消费者实现持续盈利的保障卡；一张消费增值，保本投资年年分红的投资卡……

这就是北京互生经济学研究院、深圳市互生科技有限公司发明的"互生卡"。

此卡是通过消费者正常消费时企业免费发放的，消费者自愿接受一人一卡进行实名注册；互生卡已经实现网上网下的跨行业跨地区通用，一卡通用消费积分，一次积分将实现终身持续收益；互生系统平台将消费者的零散积分汇集起来，通过投资发展平台，进行复合应用，并建立新的投资规则，消费者利用积分投资就可以实现年年保本分红。最大程度地满足消费者的最大需求，保障消费者的利益。互生不只是一个企业、一个商业模式，更为国家探索建立新常态下良性循环经济体制提供了新途径。

互生系统是消费者的福利平台

互生系统平台也是企业自主经营平台，是企业+互联网唯一的系统工具，系统功能管理、会员锁定、积分管理、积分投资、资源整合、互信、电商等。适合所有行业的企业使用：百货、超市、专卖店、酒店、家电、红木傢私、汽车4S店维修厂、房地产、服装等。

互生系统的诞生不仅为集合消费资源、帮助企业实现持续盈利提供了解决办法，也为突破经济危机和建立良性的经济循环体系提供了技术保障。它开创了一个货币资本、技术资本和消费资本为一体的新经济格局，让广大消费者在消费中赚钱，让企业即使关停并转也能持续盈利，促使企业会自动放弃丧失诚信、损害消费者的不道德行为，有利于规范市场竞争机制，有效调节市场的价格稳定，推动经济向前发展。

互生经济使企业兼顾公众利益

互生经济是在科技高速发展的今天，在劳动生产力被自动化替代的背景下，诞生的一个适应今天社会问题的解决方案,而互生系统平台则是整个解决方案的技术支持。互生经济的解决方案,主要从以下几个方面进行突破:

一是经济发展的源动力来自消费,如果消费就能赚钱,消费就能与老百姓的生、老、病保障一体化挂钩,那消费者就一定想消费、敢消费、也有钱消费,消费就能拉动内需,就能给市场带来新动力。

二是经济发展的主体是企业,没有企业的良性发展,就没有健康的经济秩序,企业的良性发展来自买卖的活跃和规范的正常经营秩序,任何的恶性竞争其结果都是死路一条。要实现买卖活跃,我们就要打破单方获利的商业模式,只有实现企业与消费者买卖互利,才能给市场带来新动力。

三是企业+互联网是经济发展的新动力,"互联网+"将给中国经济注入新的活力,但电子商务也直接冲击中国的中小企业,互联网络又放大了区域间的竞争,企业生意更加难做,而中小企业还不能完全适应科技时代的买卖竞争和手段,只有企业站在消费者的立场重新寻找市场需求,应用互联网这个工具对传统经营相当于增加了发展的翅膀,线下与线上的结合扩大了销售渠道,方便消费者的消费,满足消费者的需求,企业从传统经营模式转型到企业+互联网的模式上来,必然给企业和市场带来新动力。

四是经济的持续驱动力来源于市场,没有购买力的市场,任何投资和生产的热度都是暂时的,市场购买力取决于消费者的消费能力,要保障消费能力就要保障消费者的收益,就必须建立多边互利的经济发展模式,只有保证了企业的持续盈利和持续发展,才能满足消费者的收益保障,才能给市场带来持续发展的新动力。

五是经济良性发展取决于企业的价值观,在大企业都举步维艰的时刻,中小企业的日子就更加艰难,面对市场的兼并、收购、融资、包装上市等一系列的解决办法,企业需要根据自己的实际情况有节制地使用,盲目地追求利益最大化将会把经济推向恶性的深渊。企业要站在社会的高度承担更多的社会责任,更多地兼顾公众利益、国家利益,才能给企业带来更加长远的发展。树立企业为人民谋福利的价值观将给企业带来更强更持久的发展动力。

变革消费习惯,增加社会保障

医疗养老问题一直以来就是社会的大问题。我国目前已建立了退休养老的保障制度，而且在逐步完善过程中。但随着我国老龄化的开始，养老压力对国家的财力来讲也是很大的，这个原因是多方面的。一是老龄人口开始增多；二是人们的平均寿命在延长；三是计划生育使这一代年轻人减少；四是我国的养老基金起始时间较短，经济实力还不够强，还有相当部分的人口并没有进入退休保障制度中。如此种种都反映出我国养老问题的严峻性，仅依靠政府的能力是不够的，这就需要企业和个人引起高度重视。

互生系统以建立自主的养老保障，减轻国家负担为己任，建立了一整套科学的互生系统平台，通过积分返利消费者获得社保的概念，把由政府出资建设的社保体系，转化成通过劳动者自己的付出，获得劳动报酬，再把这个报酬转化成购物需求时实现的自然社保体系。自然社保体系的出现，将会改变劳动者的基本行为与观念：不去劳动没有报酬，没有报酬便不会产生购买行为，也不会产生各类保险。这种改变是场重大的社会革命，是人类自己改变自己消费习惯的重大变革。人类只有通过不断努力工作，才会获得更多的报酬，才会迅速消费获得更多社保，才会在自己还年轻时，从工作岗位下来去做自己爱做的事业，才会加快就业岗位的周转速度。

而政府出资建立社保的重担，才会转向那些真正需要救助的残障、鳏寡孤独等丧失劳动能力的群体；才会把社保资金投向那些获得劳动报酬少，消费能力低的群体；通过积分返利，使消费者获得"含权持股"的能力；这个能力通过互生系统平台，可以集合成"消费资本"。通过消费资本，可以对各类行业中的各类项目进行投资行为，包括：投资、参股、合股，以及与商家谈判维护消费者利益的行为。这个策略将会缩小贫富差距，减少贫困群体数量；同时，控制跨国集团、超大集团在一个地域独霸市场的局面，遏制各类行业和商业集团在当地的垄断势力；通过对返利的重新分配，加快缴纳各种流转税、增值税的速度，实现对商业企业和个人税收业务的监督、监管；通过普及互生系统全面应用，为今后实现网络经济奠定了基础。由于互生系统与个人身份证号码相联系，个人需要的商品或服务，通过网络获得信息，通过订购实现在生产企业或服务企业直接订购，大大减少了中间环节，减少了成本，降低了价格，最终实现双方获益。

由此看来，互生系统的核心价值就是：用一卡通积分帮助企业锁定消费者，给企业带来新的盈利点；给消费者带来消费增值；最终实现企业和消费者的收益保障。

互生卡将会成为未来普通百姓医疗养老的民生卡！

（2016年3月8日）

《中国改革报》
"五众"探索民生保障新路径

——访深圳互生科技有限公司董事长何开秀

李 敏

"2016年3·15维护消费者权益——诚信服务满意单位""中国经济新模式发展十大创新企业""国家级高新技术企业""2016中国年度最佳商业模式创新平台""2016推动中国产业经济发展十大创新人物""世界华裔杰出女企业家"……仅去年一年,深圳互生科技有限公司及其董事长何开秀就先后获得了20多项殊荣。

近一段时间,互生的"五众"计划又在重庆、广东、安徽、吉林、湖北、河南、广西、福建、内蒙古、甘肃、陕西、山西等地如火如荼地展开。为一探究竟,近日记者采访了《互生经济学》作者、互生"五众"创业创新方案总设计者、深圳互生科技有限公司董事长何开秀。

"五众"惠民敢为先

何开秀介绍说,2016年4月,深圳互生科技有限公司结合国内外形势和国家经济战略,为"大众创业、万众创新"探索出一套符合实际需求的应用解决方案,以"五众"计划的形式推出。一众创,通过互生系统的落地掀起大众免费创业计划;二众包,传统企业电商进入分工承包计划;三众扶,发放互生卡促销去库存,帮扶库存企业;四众筹,众筹发放互生卡、惠民扶商、拉动消费;五众生,实现企业与消费者互生,全民持股,社会共赢。

说到"五众"与老百姓的关系,何开秀娓娓道来:一是互生模式能搞活经济,重构市场经济新动力;二是互生"五众"能助力政府实施精准扶贫;三是互生"五众"能助推供给侧结构性改革,帮扶企业转型;四是互生经济新模式能有效拉动内需，培育消费市场；五是互生模式能为老百姓生存、养老、医疗问题提供解决方案；六是互生"五众"能契合"大众创业、万众创新"；七是互生经济能全方位推动社会和谐发展。

据了解，深圳互生科技有限公司运营管理的互生系统平台是以互生经济学理论为基础，把互生的商业模式、盈利模式、分配模式、管理模式、运营模式都格式化地镶嵌在系统里，通过互联网，发放互生卡，实现数据中心管理与终端服务，是消费者通过消费就能建立生存、养老、免费医疗补贴计划的社会化保障平台。当互生积分每年累计达到300分时，将享受3000元的意外医疗保障以及6万元的意外身故保障；当积分投资累计到1万分时，将享受终身免费医疗补贴计划。

"五众"帮企出重拳

何开秀说，企业的经营问题不只是靠银行贷款来解决，而是要靠13亿百姓的消费带动起来。让老百姓想消费、敢消费、有钱消费，才能解决企业的可持续发展。互生助力中小企业去库存并实现盈利的"众扶"计划，就是利用互生卡为消费者创造的价值在全国线上、线下通用来吸引消费者持卡消费，达到促销去库存。企业通过使用互生系统并免费发卡给消费者，在吸引顾客上门消费的同时，通过互生卡把顾客的终身消费锁定，实现企业与消费者终身互利。企业发卡越多，收益越大；企业给消费者积分越多，消费者的收益越大，消费购买力就越强，企业收益也越大。互生不仅仅帮企业实现降低经营成本，增加盈利点，还帮助企业锁定消费者的终身消费，实现企业持续盈利的同时还解决了消费者的收益来源和后顾之忧，培育了消费市场的购买力。

何开秀认为，帮企业赚钱，就是要从老百姓的刚性需求着想，不仅要帮企业把产品卖出去，还要建立持续收益的通道。可以说，"众扶"计划，一方面为消费者提供了生、老、病、医保障的解决路径；另一方面在帮助企业促销去库存的同时，还为企业培育了未来的市场购买力。因此，企业应用互生系统有五个难于拒绝的理由：一是吸引全国持卡消费者上门消费或者网上消费；二是帮助企业降低经营成本与广告成本；三是免费赠送互生电商平台，增加销售渠道；四是锁定消费者终身消费行为，实现企业持续跨界盈利；五是对于餐饮业商家还另外赠送一套"点餐外卖系统"，将管理系统免费升级。

互生经济模式是何开秀用30多年时间、在30多个行业探索与实践中寻找出的一套互利共赢、推动新常态下经济良性循环的新路径，并为市场经济发展中遇到的一些问题提供了解决方案。

2016年3月，互生经济学被正式纳入国家行政学院"中国经济新模式战略部署专题研讨班"课程，互生系统平台被正式确立为"中国经济新模式"实施平台，通过在重庆、吉林等地的试运营，已向全国落地推广，并已经在重庆成功落地。

（2017年3月16日）

《中国改革报》
"农创扶贫"彰显大爱

李秀平

深圳市互生科技有限公司推出"农创精准扶贫解决方案"。

"互生不只是一个企业、一个商业模式，更为国家探索建立新常态下良性循环的经济体制提供了社会解决方案和经济新路径。"《人民日报·民生周刊》以《互生模式开辟民生保障新路径》为题报道深圳市互生科技有限公司时这样评价。

据了解，该公司正式运营仅仅3年时间，就被评为国家级高新技术企业，还获得了"2016中国年度最佳商业模式创新平台奖"等几十项殊荣，2017年9月9日，又以122.04亿元的品牌价值荣登"亚洲品牌500强排行榜"榜单。目前，已有数万家企业应用了互生系统，而且每天还有大量企业申请应用互生系统；持消费福利卡消费者已突破千万人，其中，1万多人已经可以享受意外保障和终身免费医疗补贴。

作为国家分享经济实施的互生系统平台和国家级高新技术企业，互生科技不仅孜孜不倦地打造着中国好产品的销售服务网络，创建消费福利保障体系，而且还一马当先地投身到国家扶贫事业中来，制定了"百县百品农创扶贫联合行动计划"。

以"农创扶贫"为己任

今年3月8日，互生科技牵头与国内多家机构发起成立了"农创扶贫专业委员会"。通过"农创扶贫"实现永久脱贫，这是我国开展精准扶贫工作中具有里程碑意义的重大事件。与此同时，互生科技又挑头联合百余家机构，结合我国正在推进的"一带一路"建设，发起成立了"世界农创扶贫联盟"，旨在成为连接中国梦与世界梦的战略纽带，成为加快国际合作的桥梁。

互生科技的"农创扶贫"方案，就是通过农业发展、创业销售、平台渠道建设以及消费互利模式,来实现社会利益重新分配的解决方案。"农创扶贫联合行动计划"是依托互联网系统技术的支持和创新市场运营,集合一切愿意参与的各国政府资源和全球企业资源,从农业、创业、消费、扶贫、脱贫五大方面的全球化实施举措来共同实现世界"农创扶贫"解决方案。依托互联网技术的支持和共享经济的市场运营,用消费扶贫、产业扶贫、电商扶贫、爱心扶贫等多种方式和渠道构建政府、社会、市场协同推进的大扶贫格局,形成跨地区、跨部门、跨单位、全社会共同参与的多元主体的创新型扶贫方案——农创精准扶贫解决方案,让精准扶贫也能变成地区经济增长点,不仅实现脱贫,还能通过消费和产业扶持拉动地方经济增长。

2017年4月22日,"农创扶贫专业委员会"在成都召开了"农创扶贫及永久脱贫解决方案说明会",提出了以"农创扶贫联合行动计划"来支持农业现代化、规模化发展,推进结构调整、推进绿色发展、推进创新驱动。说明会上,《互生经济学》著作人、深圳市互生科技有限公司董事长、农创扶贫联合行动领导小组办公室主任何开秀亮出了农创扶贫及永久脱贫的五大解决方案。

何开秀表示,农创扶贫及永久脱贫五大解决方案的实施工具就是互生系统平台推出的消费福利卡。由于消费资源的贫富差异,要实现全民脱贫,需要针对不同的资源,采用不同的方法。消费福利卡是由各地方扶贫机构免费发放给在册的扶贫对象,凭借扶贫对象身份证进行注册登记。消费福利卡的福利来源,是互生系统平台通过采用新型的共享经济模式为企业提供多元化的系统增值服务,企业向平台自愿支付消费金额一定比例的增值服务费。互生把这笔增值服务费的一半以积分的形式格式化分配给持卡消费者,另外一半也格式化地分配给互生系统各级资源单位,从而实现发卡企业的持续盈利。积分分配给消费者带来了二次分配的收益,积分投资分红又给消费者带来了三次分配的收益,从而解决了消费者的后顾之忧。通过市场买卖行为完成消费者的自主消费福利保障体系建设,为市场培育了购买力,让经济进入良性循环且持续发展。

把"农创扶贫"落到位

2016年3月,互生科技提出了"五众计划",即"众创""众包""众扶""众筹""众生",旨在协助国家推进大众创业、万众创新。通过实施"五众计划",不少企业实现了免费使用互生系统工具,创业者实现了免费创业成功和持续收益。

Twelve solutions to sustainable development of county economy
县域经济可持续发展十二解

互生系统的普及应用最终也实现了企业利益、个人利益、公众利益、国家利益的全面互利循环。其主要表现为：

第一，开辟了民生保障新机制。企业使用互生系统，通过消费福利卡一卡通用积分锁定了消费者的终身消费行为；消费者在使用消费福利卡消费时，把商家给出的让利以积分的方式进行汇集，通过消费积分的含权持股实现持续盈利。消费者通过正常消费的积分积累，解决了生存、养老、免费医疗补贴和意外保障等后顾之忧。第二，企业降低了成本。帮助企业在不改变原有经营模式的情况下轻松转型，实现了持续盈利，并提高了经营管理效率。第三，重构了社会经济生态链，为经济转型提供了新路径，为社会问题提供了解决方案。互生的实施，实现了拉动内需、促进消费，并促进经济良性循环，形成了在一个运营主体下的共享经济体制，其过程完全通过互生系统平台的纯市场化机制运行来实现。

互生科技及农创扶贫专业委员会携手构建新型的产、销、统筹、整合等四位一体商业模式，更是加强了各个板块的专业、专注、创新程度，进一步强化了分工与合作，实现了1+1+1>N的全球经济联动效应。通过整合社会资源，共建共享"农产品追溯系统+食品安全+电子商务+精准扶贫"模式，让电商企业精准定位县、乡镇、村户，建立企业共同参与的特色农产品上行营销体系，形成农产品进城、工业品下乡的互动型经济联合体，实现"网货下乡"和"农产品进城"的双向流通，进而培育一批农村电子商务示范县、示范企业和示范合作社。

何开秀介绍说，"农创扶贫"解决方案的实施目的为：一是帮助政府已经建档立卡的贫困户实施精准扶贫、实现永久脱贫；二是提供互联网平台技术支持和培训服务，落实电商精准扶贫；三是利用企业采购、共享经济模式，以广泛市场消费带动扶贫；四是通过政府向企业购买服务，一对一实现贫困户精准脱贫；五是通过"线下爱心企业店+定向消费金"，以公益消费带动产业扶贫；六是利用企业爱心捐赠、大学生志愿献爱心、公益宣传片的公益方式联合社会其他企业、组织、协会等力量共同扶贫；七是提供地方第三方平台的服务对接端口，注重农产品上行，促进商品流通，让互联网发展成果惠及更多的贫困地区和贫困人口。

"农创扶贫"解决方案的实施总体目标为：一是以贫困县（832个）、贫困村（12.8万个）和建档立卡的贫困户为重点，实现全国5000万尚未脱贫的贫困人口彻底脱贫；二是对于政府建档立卡的贫困户，每一位贫困者终身享受平台积分投资分红保障金，平台根据具体情况实施相应的保障方案，确保达到国家脱贫标准；三是让每一位贫困者都能终身享受免费医疗补贴计划，并以此作为政府新农合医保的补充（医保范围内最高补贴40%），彻底解决贫困人口的医疗难题；四是为扶贫地区提供互联网平台技术支持和培训服务，落实电商精准扶贫，在贫困地区建立电商扶贫站点和"区县服务单位"，为大学生提供创业、就业的机会；五是为地方第三方电商平台提供对接服务，注重农产品上行，促进商品流通，推动"名特优新""一村一品"等农产品的网上销售；六是通过公益宣传方式（微信、微博、微电影等），集合政府扶贫政策、企业慈善救助、社会爱心采购等多方力量共同完成精准扶贫。

五大方案促永久脱贫

互生经济模式以互生经济学理论为基础，搭建全球通用的互生系统平台，以消费福利卡为福利保障工具，通过人们的日常消费建立自主的生存、养老、免费医疗补贴计划，通过消费积分的含权持股来实现持卡人的持续盈利，解决后顾之忧和生存保障，实现脱贫。

互生科技"农创扶贫与永久脱贫解决方案"就是应用互生经济模式的原理，对扶贫对象"建档立卡"进行精确识别，再精确帮扶，最终实现贫困人口的永久脱贫，实现到2020年所有贫困人口一道迈入全面小康社会。

据何开秀介绍，互生科技"农创扶贫"包含五大解决方案。

促销扶贫方案：利用消费福利保障卡里预存的5000元电子消费抵扣券来拉动消费，把过去的打折变成抵扣券模式，助力企业促销，进而拉动企业内需。

创业扶贫方案：集合"溯源系统+电商资源+行业门户+终端渠道+消费保障系统"形成五位一体的综合服务体系，整合企业资源、消费者资源，建立产供销一体化的共享大联盟，为创业者提供多项创业商机。

消费扶贫方案：通过消费积分福利模式来解决消费者的生存、养老、免费医疗补贴计划的方法，解决消费者的后顾之忧，实现消费者自主保障体制建设。

爱心扶贫计划：应用消费福利保障卡的功能，针对扶贫对象，发起一对一的消费积分认领和多对一的消费积分捐赠活动计划。

兜底扶贫方案：除政府兜底政策以外，互生将通过积分福利模式来建立长效慈善救助计划，建立长期持续的保障机制，真正解决永久脱贫问题，为政府分担部分压力。

为此，互生还印制了《农创扶贫实施方案指导手册》，对"农创扶贫"方案的实施进行精准指导，以最终实现以下目标：一是通过消费福利保障卡的消费积分福利模式拉动内需，以消费积分来实现精准扶贫与终生脱贫，从而建立社会化的新型保障机制，实现2020年全民小康；二是集合"溯源系统+电商资源+行业门户+终端渠道+消费保障系统"形成五位一体的综合服务体系，搭建产供销一体化服务大联盟，共享平台资源，为生产型企业提供庞大的产品销售渠道，打通销售瓶颈，同时为消费者提供多元化服务；三是通过产供销一体化服务大联盟体系的建设，为创业者提供大量创业商机，以创业带动就业。

何开秀表示，互生将通过销售渠道的资源整合，将现有的社区、实体以及需要转型的企业组织起来，建立10万家以上的销售服务网点。一是通过消费福利保障工具的应用来为消费者解决后顾之忧，在实现消费者想消费、敢消费、还有钱消费的同时实现企业的持续盈利，通过买卖互利建立互利共赢的经济体制，推动全球经济和谐发展；二是组织多家专业机构，联合推出精准扶贫方案，共同打造扶贫、脱贫的帮扶机制，并通过消费福利工具的使用来实施针对贫困人口、贫困户的精准扶贫，进行慈善救助、领养救助、帮扶救助，达到永久脱贫，共同建立全球命运共同体；三是以区县为单位，建立"农创扶贫服务中心"，提供包括电商、物流和金融在内的各项服务；四是3年内完成在全国各省市区设立合作公司，吸纳3000家会员农业企业，联盟10万家销售网点，并筛选和树立一县一品名特优产品，推进供给侧结构性改革。

"30年前，中国依靠劳动红利，创造了世界经济奇迹；如今我们可利用13亿人的消费红利，通过互生新经济模式的应用，实现人民对美好生活的向往。"何开秀表示，互生系统平台为了让全国人民共享消费红利，要为13亿消费者每人送上一张消费福利卡和内存的5000元消费抵用券，帮助消费者建立一个伴随终身的福利保障机制，并设定了全球60亿人人手一张消费福利卡的目标，寄希望于通过消费积分的含权持股来实现消费者的持续盈利。

人间有大爱，世上有真情。互生科技通过互生新经济模式的应用，正扎扎实实、一步一个脚印地践行着他们的"农创扶贫联合行动计划"。在今后的征途中，祝愿互生科技不忘初心、砥砺奋进，去谱写"农创扶贫"更加辉煌的新篇章。

（2017年10月12日）

《中国改革报》
大道如砥踏歌行　饱蘸浓墨写新篇

——记开拓奋进中的深圳市互生科技有限公司

李秀平

习近平总书记说："抓科技创新，不能等待观望，不可亦步亦趋，当有只争朝夕的劲头。""有多大担当才能干多大事业，尽多大责任才能有多大成就。"

2013年7月4日，深圳市互生科技有限公司在我国第一个经济特区深圳注册成立，由于生逢其时，注定会有不同凡响。因为他们抓住了科技创新的牛耳，又有只争朝夕的劲头。而且，作为国家分享经济实施的互生系统平台和国家级高新技术企业，互生科技不仅孜孜不倦地打造着中国好产品的销售服务网络，创建消费福利保障体系，还敢于担当尽责，一马当先地投身到国家扶贫事业中去。

在这短短4年里，该公司先后荣获了"信用中国2015年度民生示范企业""国家级高新技术企业""2016中国年度最佳商业模式创新平台""中国最具影响力民族品牌""影响中国品牌五十强""中国经济新领军企业""中国经济十大创新企业"等20多项殊荣。2017年9月9日，公司又以122.04亿元的品牌价值荣登"亚洲品牌500强排行榜"榜单。互生经济创始人、深圳市互生科技有限公司董事长何开秀，也被有关部门授予"中国经济十大新闻人物""中国经济新领军人物""2016推动中国产业经济发展十大创新人物""世界华裔杰出女企业家"等多项荣誉称号。

互生经济开创中国经济新模式

《互生经济学》是何开秀用30多年时间探索研究的新成果，是一部新经济理论著作，提出了一种新兴经济理论、一种新的盈利模式、一种消费增值实现方式、一种社会问题解决方案。

Twelve solutions to sustainable development of county economy
县域经济可持续发展十二解

互生经济理论认为，在科技高速发达时代，科技自动化将解放大量的劳动生产力，如果没有一套互利共赢的发展模式来满足高科技时代的经济发展，社会将加快进入恶性循环链。而互利的发展模式就是要突破买卖不相容、突破单方获利的商业模式，实现买卖互利。

今天的经济发展已从技术资本、货币资本过渡到了消费资本时代，企业有钱有技术也不能保证盈利，只有拥有消费资源，企业盈利才有了资本。敏感的企业早已看到了这个问题，都在争取锁定消费者的消费行为，甚至于大打价格竞争战，以省钱来促进消费。然而，过度的价格竞争并不能拉动消费，反而会破坏产品价值链，导致企业生存危机、就业危机。再加上一部分消费者的就业机会将被自动化替代，消费市场自然疲软。如何增加消费者收益，这才是问题的核心。

互生经济的解决方案，主要从以下几个方面进行突破。

第一，经济发展的原动力来自消费。如果消费就能赚钱，消费就能与老百姓的生、老、病等保障一体化挂钩，那么消费者就一定想消费、敢消费，也有钱消费，消费就能拉动内需，就能给市场带来新动力。

第二，经济发展的主体是企业。没有企业的良性发展，就没有健康的经济秩序，企业的良性发展来自买卖的活跃和规范的正常经营秩序，任何的恶性竞争，其结果都是死路一条。要实现买卖活跃，就要打破单方获利的商业模式，只有实现企业与消费者买卖互利，才能给市场带来新动力。

第三，"企业+互联网"是经济发展的新动力。"互联网+"将给中国经济注入新的活力，但电子商务也直接冲击中国的中小企业，互联网络又放大了区域间的竞争，企业生意更加难做，而中小企业还不能完全适应科技时代的买卖竞争和手段，只有站在消费者的立场重新寻找市场需求，应用互联网这个工具为传统经营增加发展的翅膀，线下与线上结合扩大销售渠道，方便消费者的消费，满足消费者的需求，从传统经营模式转型到"企业+互联网"的模式上来，必然给企业和市场带来新动力。

第四，经济的持续驱动力来源于市场。没有购买力的市场，任何投资和生产的热度都是暂时的。市场购买力取决于消费者的消费能力，要保障消费能力就要保障消费者的收益，就必须建立多边互利的经济发展模式。只有保证了企业的持续盈利和持续发展，才能满足消费者的收益保障，才能给市场带来持续发展的新动力。

第五，经济良性发展取决于企业的价值观。在大企业都举步维艰的时刻，中小企业的日子就更加艰难。面对市场的兼并、收购、融资、包装上市等一系列的解决办法，企业需要根据自己的实际情况有节制地使用，盲目地追求利益最大化将会把经济推向深渊。企业要站在社会的高度承担更多的社会责任，更多地兼顾公众利益、国家利益，这样才能给企业带来更加长远的发展。树立企业为人民谋福利的价值观，将会不断给企业带来更强、更持久的发展新动力。

互生系统开立消费赚钱新理念

何开秀说，企业和消费者的关系就是鱼和水的关系，谁也离不开谁。企业要赚钱，离不开消费者的消费，消费者要找工作，离不开企业用人。

几年来，互生科技根据企业盈利的货币、技术、消费者这三个要素，在不改变价值链上每个环节的现状、不增加企业开支的前提下，把以往因为市场恶性竞争而发生的买卖不相容，用互生经济的解决原理，通过一个永续的、有保障的含权消费模式，实现消费增值、买卖互利，让企业持续盈利，实现永续收益。

企业通过使用互生系统经营工具锁定消费者的终身消费行为，实现企业持续盈利的同时扩大产品销售渠道，通过积分促销吸引消费者多次消费，还用积分的复合应用创造了更大的价值。消费者越消费或者消费的钱越多，企业的生意就越好做，营业收入和积分收入就越多，并降低了经营成本，改善了经营环境，缓解了企业间的残酷竞争，市场就越做越大，进入良性循环、健康发展，企业因此就可以持续盈利。

互生模式开辟民生保障新路径

互生经济特别引人关注。一是通过积分返利，使消费者获得社保的概念，把由政府出资建设的社保体系，转化成通过劳动者自己的付出获得劳动报酬，再把这个报酬转化成购物需求，建立自然社保体系。二是通过积分返利，使消费者获得"含权持股"的能力。这个能力通过互生系统平台，可以集合成"消费资本"。通过消费资本，可以对各类行业中的各类项目进行投资，包括投资、参股、合股，以及与商家谈判维护消费者利益。这个策略将有利于缩小贫富差距，减少贫困群体数量；同时，有利于控制跨国集团、超大集团在一个地域独霸市场，遏制各类行业和商业集团在当地的垄断势力。三是通过对返利的重新分配，加快缴纳各种流转税、增值税的速度，实现对商业企业和个人税收业务的监督、监管。四是通过普及互生系统全面应用，为今后实现网络经济奠定基础。由于互生系统与个人身份证号码相联系，个人需要的商品或服务，通过网络获得信息，实现在生产企业或服务企业直接订购，大大减少了中间环节，减少了成本，降低了价格，最终实现双方获益；同时，可帮助企业获得终身锁定消费者消费行为的结果。五是通过普及互生系统，各个行业、各级政府都可以获得准确的消费市场动态信息，为企业、行业、政府决策提供准确可靠的信息，减少因为数据不准确造成的各类损失。

几年来，经过理论实践、系统研发及体系建设，互生系统平台获得了多项国家发明专利。前阶段在重庆、广东、山西、浙江、吉林等地试运营，现在已向全国推广落地。互生系统平台落地工作须由取得相应资格的互生城市第三方服务机构和"互生托管项目孵化指导师"负责推广和服务，主要工作是发展地面商家和网上商城企业对接互生系统平台及互生商城，为消费者免费注册发放消费福利卡。目前，已有数万家企业应用了互生系统，而且每天都有大量企业申请应用互生系统；持消费福利卡消费者已突破千万人，其中，1万多人已经可以享受意外保障和终身免费医疗补贴。

几年来，全国各地有不少企业和个人通过使用消费福利卡得到了实惠。有的企业和个人对发放消费福利卡更是情有独钟。譬如，2018年春节前夕，汕头慈善总会存心善堂福利会专门在汕头举办了"存心慈善晚会暨10万张消费福利卡帮扶计划发布会"。会长蔡木通指出："只要每人领一张消费福利卡，通过消费累积积分达到一定量，传统的慈善就可以画上句号。"重庆丰都县武平镇66岁的谭昭仪非常认可互生系统工具带给老百姓的福利保障。他不顾年岁已高，积极参与发放消费福利卡，并用置换发卡方式，两个月时间就发了600多张卡。他说："好福利要让大伙都分享。"

一张小小的消费福利卡，"刷"出了持续盈利，"刷"出了消费增值，"刷"出了含权持股，也"刷"出了迈向消费赚钱新时代的一大步！

互生科技开启农创扶贫新征程

2016年3月，互生科技提出了"五众计划"，即"众创""众包""众扶""众筹""众生"，旨在协助国家推进大众创业、万众创新。通过实施"五众计划"，不少企业实现了免费使用互生系统工具,创业者实现了免费创业成功和持续收益。互生系统的普及应用最终也实现了企业利益、个人利益、公众利益、国家利益的全面互利循环。其主要表现为:第一,开辟了民生保障新机制;第二,企业降低了成本;第三,重构了社会经济生态链,为经济转型提供了新路径,为社会问题提供了解决方案。

互生科技与农创扶贫委员会携手构建新型的产、销、统筹、整合等四位一体商业模式,更是加强了各个板块的专业、专注、创新程度,进一步强化了分工与合作,实现了"1+1+1+1>N"的全球经济联动效应。通过整合社会资源,共建共享"农产品追溯系统+食品安全+电子商务+精准扶贫"模式,让电商企业精准定位县、乡镇、村户,建立企业共同参与的特色农产品上行营销体系,形成农产品进城、工业品下乡的互动型经济联合体,实现"网货下乡"和"农产品进城"的双向流通,进而培育一批农村电子商务示范县、示范企业和示范合作社。

2017年3月8日,互生科技牵头与国内多家机构发起成立了农创扶贫委员会,通过"农创扶贫"实现永久脱贫,这是我国开展精准扶贫工作具有里程碑意义的重大事件。与此同时,互生科技又挑头联合百余家机构,结合我国正在推进的"一带一路"倡议,发起成立了世界农创扶贫联盟,旨在成为连接中国梦与世界梦的战略纽带,成为加快国际合作的桥梁。

互生科技的"农创扶贫"方案,就是通过农业发展、创业销售、平台渠道建设以及消费互利模式,来实现社会利益重新分配的解决方案。"农创扶贫联合行动计划"是依托互联网系统技术的支持和创新市场运营,集合一切愿意参与的各国政府资源和全球企业资源,通过农业、创业、消费、扶贫、脱贫五大方面的全球化实施举措,来共同实现世界"农创扶贫"解决方案。依托互联网技术的支持和共享经济的市场运营,用消费扶贫、产业扶贫、电商扶贫、爱心扶贫等多种方式,构建政府、社会、市场协同推进的大扶贫格局,形成跨地区、跨部门、跨单位、全社会共同参与的多元主体的创新型扶贫方案——农创精准扶贫解决方案,让精准扶贫也能变成地区经济增长点,不仅实现脱贫,还能通过消费和产业扶持拉动地方经济增长。

何开秀介绍说,"农创扶贫"解决方案的实施目的:一是帮助已经建档立卡的贫困户实施精准扶贫、实现永久脱贫;二是提供互联网平台技术支持和培训服务,落实电商精准扶贫;三是利用企业采购、共享经济模式,以广泛市场消费带动扶贫；四是通过政府向企业购买服务，一对一实现贫困户精准脱贫；五是通过"线下爱心企业店+定向消费金"，以公益消费带动产业扶贫；六是利用企业爱心捐赠、大学生志愿者献爱心、播放公益宣传片的公益方式，联合社会其他企业、组织、协会等力量共同扶贫；七是提供地方第三方平台的服务对接端口，注重农产品上行，促进商品流通，让互联网发展成果惠及更多的贫困地区和贫困人口。

新年伊始，互生科技又推出"决胜2018，新时代、新机遇、新挑战'陆海空'落地实施方案"：一是"陆军"战略，即社区服务，二是"海军"战略，即"农创扶贫"，三是"空军"战略，即城市运营，尽快实现让13亿中国人"人手一卡"，共享消费红利。项目的落地服务与业务的开展计划为：4月"一乡一品"上线，7月互生积分福利按月分配，品牌渠道开始上线，12月社区服务上线。

同时，进一步明确为"九大"解决方案提供技术支持：一是为消费者实现人人消费有福利、有保障、解决后顾之忧提供技术支持；二是为企业产品免费提供增值元素和电商服务，为实现企业快速、跨界、永久赚钱提供技术支持；三是为创业者提供免费创业项目，为实现无风险创业成功提供技术支持；四是为精准扶贫对象实现永久脱贫提供解决方案和技术支持；五是为第三方平台提供消费积分结算、数字货币流通记账、对接结算并入驻消费者移动终端提供技术支持；六是为品牌企业提供营销渠道及营销模式的技术支持，实现产供销同步共享，为量化生产提供技术支持；七是为智慧城市的智能化社区建设提供"社区服务"的技术支持；八是为地方经济发展提供规范、有序、有活力的"一乡一品"项目技术支持；九是为搭建民企政利益共同体、构建城市区县服务体系提供解决方案与技术支持。

进入新时代，互生科技这艘行驶在新时代改革浪潮中的巨轮，一定会乘风破浪、高歌猛进，用只争朝夕的劲头，去谱写更加辉煌绚丽的新篇章！

（2018年3月8日）

《中国商报》
互生卡掀起"消费赚钱"新时代

戴玉春

在正常消费的同时还能实现养老和免费医疗补贴。

"物价上涨,感觉钱越来越不够花了!"

"办了一大堆会员卡,获得的积分就像一堆数字,除了换点不值钱的小礼物外,并无多大用处!"

"养老,医疗,生活压力越来越大,有钱也要省着花!"

这正是今天中国老百姓的现状和真实感受。

然而,伴随着互生卡的诞生,人们的生活或将有所改观。作为互生系统平台全国首位享受终身免费医疗补贴计划的消费者,来自广州的刘女士在互生系统平台深圳总部分享用卡心得时表示,当初免费领到互生卡时,工作人员介绍说它"消费就能赚钱,积分年年有分红,还能实现免费医疗",就抱着试一试的心态开始用这张卡,用后觉得确实非常方便。不仅到任何一个有互生标志的店都可以享受积分折扣,更重要的是积分还可直接兑换成人民币,2014年互生的积分实现了100%的投资分红回报。

"为了分红,我今年用卡的频率特别高,当积分达到享受免费医疗补贴规定值时,说来也巧,我刚好意外住院了,按照正常的医保报销流程,互生卡帮助我报销了40%的费用,实在太让我意外了。互生卡真是太好了,真是一张能赚钱、能养老、能免费医疗的保障卡,是老百姓的中国梦!"刘女士说。

为百姓带来实惠

"中国梦"是实现国家富强、民族复兴、人民幸福、社会和谐。每个中国人都将是中国梦的参与者和缔造者。

要实现伟大的中国梦,就要牢牢抓住经济发展这条主线。经济是国家的命脉,要保证经济稳定健康地发展就要有健康稳定的经济发展秩序。为了建立良性循环的经济发展模式,互生系统平台通过资源整合来建立买卖互利的机制,在帮助企业实现企业持续盈利的同时用消费积分的方式造福消费者,而消费者通过使用互生卡把在商家消费时商家给出的让利以积分的方式进行汇集;再把汇集到的积分投资到企业的股权中,实现消费者消费越多积分越多,积分投资分红越多,消费者通过正常消费的积分收集就能够解决生存、养老、免费医疗补贴和意外的保障;消费者通过互生卡捡积分就能够解决后顾之忧,大大提高了消费者的消费信心,实现消费者敢消费、想消费、有钱消费,从而拉动内需,做大市场;让企业生意更加好做。

消费者的积分参与企业股权投资分红,这将改变企业与消费者之间的关系。随着时间的推移,消费者的积分越多,消费者的好处越大,积分投资所占企业的股权也就越多,消费者的分红比例越大,一种新型的社会保障机制互生经济形态就自然形成了。

"互生"是新兴经济

小卡片、大用途,说到这里,便不得不提"互生经济"这一概念了。互生经济是在市场经济发展的进程中因科技的高速发达,在科技解放大量生产力和产能过剩的背景下出现消费经济趋势,再通过互生技术把消费资源和企业资源进行格式化整合形成消费资本力量,用消费资本的延伸应用来实现买卖互利的循环经济模式。互生经济学描述的不仅仅是一种新兴经济理论、一个企业新的盈利模式、一个消费增值实现方式,还是一个社会问题的解决方案。

随着互生经济理论的不断发展和深化、互生系统在全社会的普及、全民持卡消费积分的实现,很多社会问题都能得到解决,比如养老资金问题、免费医疗资金问题、企业用人成本问题、社会治安问题、低保生存资金问题、企业诚信经营问题、市场经济发展的平衡问题、剩余价值的合理分配问题、个人信用问题等。

互生是利用市场的竞争来建立强大的消费资本力量,通过消费资本来实现参与企业投资的货币资本,通过消费资本和货币资本与企业的合作持股来改善分配格局。而企业的商业合作也打破了传统的资本模式,与互生代表的消费者合作既有货币资本又有消费资本,既保障了企业的发展,又维护了企业家的利益,还带动了消费者福利。

在保护企业发展的同时实现消费者的生存保障，互生利用科技的力量一手牵着企业一手牵着消费者，搭建起双边互利的桥梁，实现双边的持续发展和持续互利，这就是互生的作用。 互生也是一个企业，其目的是为企业实现持续盈利、为消费者实现消费增值、为社会解决问题。互生突破了买卖不相容，实现买卖互利、实现企业与消费者的终身互利、实现企业百年经营、实现消费者的生存保障。

互生卡正是基于这种理念，并在党和政府的英明领导下不断地促进和完善。互生卡作为惠及消费者的福利工具，已受到消费者的喜爱和市场的肯定。消费者在使用互生系统的企业消费时免费领到互生卡，进行实名注册就可以在互生全国会员店内实现跨行业地区的通用，且线上线下都能使用。

互生卡将积分汇集起来进行复合应用，通过积分投资就可以让消费者实现一次积分投资年年保本分红，积分累积到一定程度还可获得平台相对应的积分福利。 比如达到 300 积分时可获赠一份 / 年价值 3000 元的意外医疗和 6 万元意外身故保障；积分累积投资达 1 万分时，可获得免费医疗补贴计划，互生卡与医保卡相互补充，补贴除医保报销之外的自费部分，没有医保的用户使用互生卡也可或最多40%的补助。而对于社会上相对贫困的人群来说，互生卡对于他们同样重要。在条件成熟时互生系统平台会通过大数据对这部分人进行调查，相应地进行教育、养老、低保救助，让每一位使用互生卡的老百姓都能享受到互生积分的好处。

还可帮企业摆脱困境

互生卡解决的正是当下老百姓的刚性需求，这是在不增加老百姓生活额外支出的前提下，只要通过互生卡在企业消费时把企业给的让利积分捡回来，就能实现越消费越有钱， 自然提高生活质量，自主解决生存、养老和医疗问题。不仅如此，互生系统还可以帮助企业摆脱困境。互生顺应消费行为的转变，紧抓市场动向，互生的电商系统，帮助企业增加销售渠道。互生线下实体门店与手机终端APP的相互引流，促使消费者为获得积分主动上门消费。企业通过互生卡的发放建立与消费者的互利，为企业带来新的盈利增长点。互生系统平台的互联网终端普及和使用，直接为企业降低管理成本、广告成本、促销成本，让企业在不改变现有经营模式的情况下轻松转型，将使大批使用互生系统的企业立于不败。中国梦是民族的梦，也是每个中国人的梦。让生活在这个伟大时代的中国人民共同享有同祖国和时代一起成长和进步的机会。在百姓正常消费的同时，还能实现养老和免费医疗补贴，从某种程度上来说，或许也是百姓的一种梦想。甚至于有业界人士呼吁：全国的老百姓都应参与互生消费，以实际行动来促进祖国的强盛，为祖国的经济建设添砖加瓦，贡献出自己的一份力量！

同时，作为国家的经济脊梁的企业家，也应抛开传统的旧思维，携手互生，扛起经济脊梁的重担，多尽一份企业家的责任，为国分忧、为消费者谋福。

（2015年9月18日）

《消费日报》
互利　互惠　互生卡

"物价上涨，感觉钱越来越不够花了！"

"养老，医疗，教育，房贷压力越来越大，有钱也要省着花！"

"投资赚钱渠道少，股市就像过山车，越来越坑爹。"

"办了一大堆会员卡，获得的积分就像一堆数字，除了换点没价值的小物品，并无多大用处！"

以上正是今天中国老百姓的生活现状和真实感受，现如今社会科技发达，物质富足，可供消费者选择的物质产品应有尽有。但另一方面，原材料成本在增加，人工成本在增加，生产成本也在增加，企业的市场销售渠道、市场的销售价格被无情地挤压，恶性竞争日益激烈，盈利更是难上加难。而消费者呢？钱越来越难赚，消费成本却越来越高，生活压力不堪重负。如何让企业的生意好做一点、老百姓的生活压力小一点、赚钱的渠道多一点、风险少一点，让科技的红利也惠泽于民？

互生经济学理论发明人、北京互生经济学研究院院长何开秀，历经了30多年的精心探索和研发，最终通过跨越全球性的互生系统平台，给出了完美的解决方法。

互生系统平台的解决原理是以"资源整合、互利共赢"为主要内涵，构建科技、金融、企业和消费者为一体的互生网络系统和新型的消费权益再分配模式，全面整合社会资源，集资源共享、利益共享、金融流通、商务流通、信息交流、广告宣传、消费增值为一身，满足多方需求，用一卡通用积分帮助企业锁定消费者，建立商务流通利益共同体，用互生系统将消费积分进行复合应用，给企业带来新的盈利点，给消费者带来消费增值。

互生卡VS普通卡

何开秀认为，要让消费资源形成消费资本，并非一次就能成型到位，而是要经过资源的多次反复应用，而每一次的资源应用都是互利、自由、不强求、不破坏现有秩序且顺其自然实现的。当前，传统的买卖关系是消费者购买，企业获利，整个消费过程就结束了。企业为了吸引更多消费者前来消费，就会采取薄利多销的促销手法。这其中，所有的利润只是单纯通过产品流通带来的，消费者无法从产品的利润中获得收益。而互生突破了传统的商业模式，从消费者的需求出发，推动生产和消费双向互利，把消费者从产品链的末端，以投资者的身份提到前端，使消费者不止于购买产品，同时可参与到企业生产经营中，具体表现方式就是让消费者通过消费参与企业的股权分配，实现从买卖双方不相容到买卖互利的转变，双方变成有机的利益共同体，实现和谐共同发展。互生卡与其他积分卡的不同之处在于，互生提出了互生互利的解决办法，它是利用买卖的竞争来建立买卖互利的机制，在帮助企业锁定顾客终身消费，实现企业持续盈利的同时扩大企业产品的网络销售渠道，通过积分促销吸引消费者多消费。

值得一提的是，互生卡与其他积分卡相比，还有一个独特的优势：互生卡能够网上、网下、跨行业、跨地区双向国际通用；消费积分1:1（人民币）兑换现金；积分保本投资，年年分红；积分投资实现生存、养老保障。

小小一张卡养老医疗全搞定

用一张卡实现所有衣食住行的通用消费并得到实惠，相信是今天很多"卡奴"的梦想。互生系统及互生卡经过多年理论实践、系统研发、体系建设以及试运营，正以完美的姿态面向社会推广。随着互生对互联网终端系统的运用和普及，互生系统帮助企业实现持续盈利的同时，还直接为企业降低了管理成本、广告成本和促销成本，让企业在不改变现有经营模式的情况下实现轻松转型。对于消费者来说，消费者通过正常消费获得积分，积分积累到一定程度就可获得互生系统平台赠送的福利。比如，累计达到300积分时平台赠送一份3000元/年的意外医疗和6万元意外身故保障；积分投资达10000分时，可享受免费医疗补贴计划，这是互生卡为老百姓解决免费医保补贴的过渡卡，最高可以获得40%的费用补贴。有如此魅力的互生卡，消费者绝对难以拒绝。

消费者通过手机个人APP终端与个人互生卡绑定就能实现网上网下，全国跨行业的一体化通用，标志着一卡通用消费的新时代的来临。通过消费获得积分，就能够解决消费者的赚钱问题，养老问题，免费医疗等一系列问题。到目前为止，积分投资累计达到一万分的持互生卡的消费者已有数十人；积分累计达到300分的已近千人。越来越多的消费者享受到互生系统提供的免费医疗补贴和互生意外保障金。

2015年9月21日，互生荣登"2014-2015中国企业诚信与竞争力品牌"榜，获评"信用中国2015年度最佳民生示范企业"；互生经济学发明人、北京互生经济学研究院院长、深圳互生科技董事长何开秀荣膺"信用中国·推动产业经济发展十大改革新闻人物"。

11月28日，互生系统平台出席"2015中国金融投资发展论坛"盛会，并荣获"中国数字货币金融市场年度前景企业"和"中国消费积分卡市场消费者喜爱品牌"两项殊荣。12月20日在"2015中国经济高峰论坛暨第十三届中国经济人物年会"上，何开秀董事长入选"中国经济十大新闻人物"、互生系统平台入选"中国经济新领军企业"两项大奖。这就是媒体和社会对互生的认可。

积分投资：让消费者实现保本投资分红

互生系统平台将消费者的零散积分汇集起来，通过投资发展平台，进行复合应用，并建立新的投资规则，消费者利用积分投资就可以实现年年保本分红。此举最大程度地满足了消费者的需求，保障了消费者的利益。因此，互生系统不但是企业赚钱的工具，还是消费者的福利平台。

随着时间的推移，消费者的积分越多，好处越大，积分投资所占企业的股权也就越多，消费者的分红比例也就越大。消费者通过使用互生卡在消费时捡积分就能够解决自身的后顾之忧，大大提高了消费信心，实现消费者敢消费、想消费、有钱消费，从而拉动内需，做大市场，并让企业生意更好做。消费者的积分参与企业投资分红，改变了企业与消费者之间的关系，突破了买卖不相容，实现了买卖互利。这样一来，一种新型的社会保障机制——互生经济形态就自然形成了。

如今社会已经迈入科技自动化和互联网化时代，由于产能过剩以及互联网打破了企业和消费者之间的时间和空间的限制，消费者已不再为了产品的短缺而头痛，相反，企业为了产品的销路而发愁。由于前面提到的消费者所面临的生存压力，消费市场的疲软是无法回避的事实。企业发展已经从过去的货币资本、技术资本过渡到今天围绕消费为企业赚钱的唯一资本时代。在今天很多企业大打价格战传统竞争模式当中，一些大的互联网企业直接通过送红包送钱的方式抢消费入口来占领终端，最终变成一个和企业谈判的筹码，进一步压榨企业仅有的利润。因此产品价格竞争在中国市场上愈演愈烈，最终酿成恶性循环，企业生意更加难做，产品价值链遭到破坏，企业发展受阻，就业问题更加突出，消费者越省越穷。

互生顺应市场的需求，不仅帮助企业做大市场，在实现企业持续盈利的同时，集合消费资源，形成消费资本，建立买卖互利。同时，通过买卖互利，再把消费资本转换成消费生产力，并以此为基础的，重构社会分配规则，实现个人利益、公众利益、企业利益、社会效益的全面互利，进而形成一个运营机构主导下的互利互惠模式，把市场推向了以消费为主的消费资本时代。

互生系统的诞生不仅为企业整合消费资源、帮助企业实现持续盈利提供了解决办法，也为突破经济危机和建立良性的经济循环体系提供了技术保障。它开创了一个货币资本、技术资本和消费资本为一体的新经济格局，让广大消费者在消费中赚钱，让企业能持续盈利，促使企业会自动放弃丧失诚信、损害消费者的不道德行为，有利于规范市场的竞争机制，有效调节市场的价格稳定，避免出现价格战的恶性循环，从而推动市场经济良性循环的健康发展。

今天，互生卡为消费者代言，呼吁我们更多的企业家在赚钱的同时也要学会造福老百姓，帮助老百姓赚钱，正所谓天上水地上来，只有这样老百姓才会更愿意支持有责任的企业，这样的企业才能在激烈的竞争中脱颖而出，与消费者建立双方的永久互利关系。通过一张小小的互生卡"刷"出了消费者的免费医疗和消费增值，"刷"出了企业的持续盈利，"刷"出了互利互惠的新商业模式，也"刷"出了迈向消费资本新时代坚实的每一步。

（2015年12月24日）

《经济》杂志
互生经济　推动社会和谐发展

何开秀

互生经济是在市场经济发展的进程中因科技的高速发达，在科技解放大量生产力和产能过剩的背景下出现消费经济趋势，再通过互生技术把消费资源和企业资源进行格式化整合形成消费资本力量，用消费资本的延伸应用来实现买卖互利的循环经济模式。互生经济学描述的不仅仅是一种新兴经济理论、一个企业新的盈利模式、一个消费增值实现方式，还是一个社会问题的解决方案。

随着互生经济理论的不断发展和深化、互生系统在全社会的普及、全民持卡消费积分的实现，很多社会问题都能得到解决。比如：养老资金问题、免费医疗资金问题、企业用人成本问题、社会治安问题、低保生存资金问题、企业诚信经营问题、市场经济发展的平衡问题、剩余价值的合理分配问题、个人信用问题、国家政务管理等问题。

今天企业的生意都很难做，加上互联网的冲击，各行各业网上网下为了争夺消费者大打价格战，争得你死我活。笔者提出互生经济学理论并研发互生系统的目的，是为了建立一个和谐循环经济体制，推动社会和谐发展。

解决企业赚钱的问题

在科技高速发达的今天，科技自动化解放了大量的劳动生产力，大批工人下岗失去就业机会，工人没有工作就意味着市场没有消费能力。先进的技术生产大量的产品，可是市场没有消费能力，产品就卖不出去。市场竞争激烈大打价格战，企业利益受损，员工工资也缩水，市场购买力更弱，进入恶性循环。这种现象就摆在我们面前。

企业赚钱的三大资本：货币、技术、消费者。这三大资本真正最有价值的还是消费资本。企业怎样才能拥有消费资本，光靠产品打折和一次性优惠为消费者省钱已无法满足消费者的最大需求。只有为消费者创造终身价值，满足消费者的最大需求，企业才有钱赚。

互生给到企业的不仅仅是一种思维模式，而是一整套的解决方案和实现解决方案的技术支持。这套完整的解决方案能够帮助企业轻松实现持续盈利，让企业多赚钱，赚长久的钱。因而，企业家们不要再闭门造船，借船过河、抱团取暖、强强联合才是出路。

企业肩负的社会责任

企业赚钱是本分，但企业在赚钱的同时还应该分担一份社会责任。然而，我们周围弥漫的都是利己之道、财道。在狼性文化熏陶下的商业氛围到处都是尔虞我诈、你死我活的杀戮。甚至很多人办企业的目的就是为了上市圈钱。有权的、有资源的、有条件的都在想办法把他们的拿去卖掉。我们想过以后吗？民族企业还有多少话语权？我们的未来在哪里？

企业家和商人是有区别的，我们没有办法改变这个世界，只有另辟蹊径，利用商业竞争来重构分配制度，建立循环互利的新机制。既保护资本发展模式也造福了人民，还减轻了国家的负担，一举多赢。这就是笔者提出互生经济的真实动机。以互生经济学原理研发的互生系统已落地服务企业和消费者，互生系统把企业的商业模式、盈利模式、分配模式、管理模式、运营模式都镶嵌在系统的制度里，企业在使用互生系统的正常经营活动中既保证企业的持续盈利又造福了百姓，同时还分担了社会责任，互生系统值得企业拥有。

企业与消费者的关系

企业和消费者的关系就是鱼和水的关系，谁也离不开谁。企业要赚钱离不开消费者的消费，消费者要找工作离不开企业用人。

要解决消费者的生存问题，就要依靠企业来实现。保护企业家、保护企业就是保民生。我们改变不了竞争，但可以利用竞争来建立双边的互利。在保护企业发展的同时实现消费者的生存保障，互生利用科技的力量一手牵着企业一手牵着消费者，搭建双边互利的桥梁，实现双边的持续发展和持续互利，这就是互生的作用。互生也是一个企业，其目的是为企业实现持续盈利，为消费者实现消费增值，为社会解决问题。互生突破了买卖不相容，实现买卖互利、实现企业与消费者的终身互利、实现企业百年经营、实现消费者的生存保障。

企业未来的发展方向

企业未来的发展方向绝不是红海经济模式，一定是蓝海经济模式。我们走过的路告诉我们：单方获利的商业模式无法突破买卖关系，竞争模式走到头也是全败齐伤，没有一个是赢家。传统商业模式已无法满足高科技发展时代的市场需求，突破买卖关系是建立新商业模式的关键。未来企业发展的瓶颈是利润的合理分配问题，但利润的分配恰恰是最难解决的问题。战争也绝不是解决分配的最佳办法，我们都知道发展经济要依靠市场机制，买卖是经济发展的唯一手段，突破买卖不相容，实现买卖互利是建立良性发展的首要条件。

互生是利用市场的竞争来建立强大的消费资本力量，通过消费资本来实现参与企业投资的货币资本，通过消费资本和货币资本与企业的合作持股来改善分配格局。而企业的商业合作也打破传统的资本模式，与互生代表的消费者合作既有货币资本又有消费资本，既保障了企业的发展，又维护了企业家的利益，还带动了消费者获取福利。

互生经济的形成，对人类社会的文明将起到积极的作用。因为经济形态发生了变化，人的思想、行为都会随之发生微妙的变化，由此而引发一系列的社会进步。现在我们看到的互生经济学仅是一个总体的阐述，后期的实施细则还有待探索和完善。同时希望有更多的专家、学者和实践家参与进来，一起研究、完善和发扬互生经济。

（2015年第13期）

《经济》杂志
一卡刷出消费资本新时代

在科技高速发达、生产力自动化时代,我们已不再为了产品的短缺而头痛,相反我们在为产品的销路发愁,而消费市场的疲软是无法回避的事实。企业发展从过去的货币资本、技术资本过渡到今天围绕消费为企业赚钱的唯一资本时代。企业大打价格战和送红包抢消费入口的竞争在中国市场上愈演愈烈。企业生意更加难做,产品价值链遭到破坏,企业发展受阻,就业问题更加突出,消费者越省越穷。如何缓解这种恶性竞争,让企业的生意好做一点,老百姓的生活压力小一点,赚钱的渠道多一点,风险少一点,让科技的红利也惠泽于民?

利用买卖互利为消费者谋福利

互生提出了互生互利的解决办法,它是利用买卖的竞争来建立买卖互利的机制,通过企业使用互生系统在帮助企业锁定顾客终生消费实现企业持续盈利的同时扩大企业产品的网络销售渠道,通过积分促销吸引消费者多消费。而消费者也通过使用互生卡把在商家消费时商家给出的让利以积分的方式进行汇集,再把汇集到的积分用来投资,实现消费者消费越多积分越多,积分投资分红越多,消费者通过正常消费的积分收集就能够解决生存、养老、免费医疗补贴和意外的保障。消费者通过使用互生卡在消费时捡积分就能够解决自身的后顾之忧,大大提高了消费信心,实现消费者敢消费、想消费、有钱消费,从而拉动内需,做大市场,并让企业生意好做。消费者的积分参与企业投资分红,改变了企业与消费者之间的关系。随着时间的推移,消费者的积分越多,好处越大,积分投资所占企业的股权也就越多,消费者的分红比例也越大,这样,一种新型的社会保障机制——互生经济形态就自然形成了。

互生利用买卖竞争来为消费者争取消费积分,把消费的积分进行汇集形成一股货币资本,用此资本来建立买卖互利的初级机制,用积分的复合应用来实现消费资本的转换，把消费者、消费资本和积分汇集的货币资本相结合形成推动经济向前发展的消费生产力，从而实现利益的重新分配。

要实现买卖互利就要把消费资源与企业资源进行有效的格式化整合。把企业和消费者进行有效的连接，既要满足消费者的刚性需求，也要为企业创造最大价值。消费者正常消费时企业免费为其发放一张互生卡，消费者自愿接受一人一卡进行实名注册。目前，互生卡已经实现线上线下的跨行业跨地区通用，一卡通用消费积分，一次积分将实现终身持续收益。互生系统平台将消费者的零散积分汇集起来，通过投资发展平台，进行复合应用，并建立新的投资规则，消费者利用积分投资就可以实现年年保本分红。如此可以最大程度地满足消费者的需求，保障消费者的利益。

小卡片　大用途

互生系统是企业赚钱的工具，是消费者的福利平台。消费者通过正常消费获得积分，积分积累到一定程度就可获得互生系统平台赠送的福利。比如，累计达到300积分时平台赠送一份3000元/年的意外医疗和6万元意外身故保障；积分投资达10000分时，可获得免费医疗补贴计划，这是互生卡为老百姓解决免费医保补贴的过渡卡，最高可以获得40%的费用补助。

互生的电商系统与线下实体门店以及手机终端APP的三方互动引流为企业提供多渠道经营方式，消费者为获得积分主动上门消费。通过互生的管理和分配，一部分企业可以锁定消费者的终身消费，把消费资源转化成为消费资本力量，突破现有商品的盈利点，带来新的盈利增长点。同时，互生对互联网终端系统的运用和普及，直接为企业降低管理成本、广告成本、促销成本，让企业在不改变现有经营模式的情况下就能实现轻松转型。

今天市场上有多种卡片，为何都无法形成消费资本？这是因为企业给消费者发卡的目的并非为消费者创造价值，而只是为消费者方便和省钱。省钱却不能改变买卖关系，还是在价格竞争的范畴。互生系统平台顺应了消费资本时代的需求，成为了资源整合和利益分配的技术支撑平台，通过一套完整的理论体系和一个先进的商业模式将所有的消费者和企业有效地整合在一个系统内，形成庞大的永续消费资本体系，所得收益在消费者、企业之间进行统一格式化分配，并在无形中将消费者的消费行为转化成投资行为。在消费增值的同时也提升了消费者的地位，从而使买卖双方的关系得到进一步的改善，实现互利共赢。

互生系统的诞生不仅为整合消费资源、帮助企业实现持续盈利提供了解决办法，也为突破经济危机和建立良性的经济循环体系提供了技术保障。它开创了一个货币资本、技术资本和消费资本为一体的新经济格局，让广大消费者在消费中赚钱，让企业能持续盈利，促使企业会自动放弃丧失诚信、损害消费者的不道德行为，有利于规范市场的竞争机制，有效调节市场的价格稳定，推动经济向前发展。

一张小小的互生卡，"刷"出了持续盈利，"刷"出了消费增值，"刷"出了含权持股，也"刷"出了迈向消费资本新时代坚实的每一步。

（2015年第16期）

《民生周刊》
互生模式　开辟民生保障新路径

钟绍军

互生提供的不仅仅是一种创新的商业模式，更是一种创新的经济转型和社会问题整合解决方案。

何开秀，互生经济理论创始人、《互生经济学》著作人、北京互生经济学研究院院长、深圳市互生科技有限公司董事长。她长期致力于社会主义市场经济条件下企业、消费者、消费资本理论和循环经济模式的研究，历经30余年的潜心努力，一种能使企业实现持续盈利、消费者实现消费增值，并且通过消费者消费可自主轻松解决生存、养老和医疗保障等问题的互利循环经济机制——互生经济模式应势而生。

互生提供的不仅仅是一种创新的商业模式，更是一种创新的经济转型和社会问题整合解决方案，催生出了一种惠泽全民的民生保障新机制，而更重要的是，在这种机制下，国家和消费者都不用掏一分钱，企业也没有增加额外负担。

自互生模式正式启动运营以来，在不到三个月的时间里，互生系统平台连获多项殊荣："信用中国·2015年度最佳民生示范企业""中国最具影响力民族品牌（重点推广单位）""中国消费积分卡市场消费者喜爱品牌""中国经济新领军企业"等；互生科技董事长何开秀也荣膺"信用中国·推动产业经济发展十大改革新闻人物"和2015年度"中国经济十大新闻人物"等殊荣，引起中国经济理论和学术界、企业家瞩目及社会媒体的广泛关注。

小卡用处大

俗话说"栽好梧桐树，引得凤凰来"，互生缘何引得企业和消费者的青睐？它究竟能给消费者带来多大的好处？

对此，北京互生经济学研究院院长何开秀一语破的："其实这一切的奥妙，就在于一张互生卡。互生系统的核心价值就是用一卡通用积分帮助企业锁定消费者，建立商务流通利益共同体，用互生网络系统将消费积分进行复合应用，给企业带来新的盈利点，给消费者带来消费增值，最终实现企业和消费者的永续收益保障。消费者通过使用互生卡把在商家消费时企业给出的让利，以积分的方式进行汇集，通过正常消费的积分积累，就能够解决生存、养老、免费医疗补贴和意外的保障。"

"不仅如此，积分积累到一定程度就可获得互生系统平台赠送的福利。消费者还可以将汇集到的积分拿来投资，实现年年保本分红，且终身有效，消费者消费越多，积分就越多，投资分红也就越多。这样就可大大提高消费信心，实现消费者想消费、敢消费、有钱消费，从而拉动内需，做大市场，并让企业生意好做，形成互利良性循环。而自始至终国家都不用掏一分钱，企业也没有增加负担。这样，一种新型的社会保障机制——互生经济形态就自然形成了。"何开秀如是说。

值得一提的是，目前市场上的积分消费卡都无法形成消费资本。而互生卡一律由使用互生托管系统的企业免费发放给消费者，积分可以直接兑换成现金，一个积分可以兑换一元人民币，未来可以实现全国、全球跨区域、跨行业通用，不受国界、地域、行业和货币汇率影响，这也是目前国内其他积分卡无法做到的。

自主循环养老

互生经济学理论认为，企业是国家经济的支柱，民生保障建立在互利循环的良性经济链之上，以发挥企业的市场主体功能作用为主，以政府的行政调节手段为辅，建立起消费者自主，企业、消费者、市场三方资源互利循环的保障机制，才是根本出路。而在目前以行政手段为主的社会保障体制之下，对于大多数消费能力有限的老百姓来说，很难实现自主保障。

互生通过企业的商业模式来建立消费者自主的养老保障。其基本原理是：通过消费积分的含权持股来实现消费者的持续盈利，消费者的这种积分股权不能上市、不能转让、不能继承，只能自己消费，从而保证每一位消费者都有一份基本保障，多有多保，少有少得，不足于基本保障的，再由政府支持托底，这样，就实现了政府、企业、消费者个人三方齐心协力，消费者自主的永续保障。

作为一门新兴的经济理论，互生系统通过对企业、消费者、市场三方资源的格式化整合，汇集成一股消费资本力量，再通过消费资本的延伸应用即积分复合应用，对消费权益进行再分配，使企业、消费者、第三方均成为受益者，而消费者是最大的获利方。在互生积分收益模式中，消费者占据了积分收益的50%，是最大的受益者；企业积分收益占10%；6%为国家税收；互生自身只收取少量的运维成本费，经营产生的大部分收益用于建立互生慈善救助基金、社会应急储备基金、消费者意外保障基金、社会安全保障（见义勇为）基金等，为国家做贡献。

互生的实施，将实现个人利益、公众利益、企业利益和全面互利循环、缩小贫富差距、促进社会和谐发展，形成在一个运营主体下的公共所有制经济体制，是社会主义公有制经济的一种表现形式。

互生系统的诞生，不仅打破了买卖不相容，还实现了买方、卖方和国家等多方互利，更为国家探索建立经济新常态、构建和完善社会保障新机制提供了社会问题解决方案和新思路。

专家认为，"互生模式的魔力在于对消费权益的再分配，构建了一个互利循环的消费者自主的保障机制，消费者的生存养老、医疗、就业、教育等问题一揽子得到解决，而且国家不用为消费者买单，还可以增加税收，企业没有增加负担，消费者得到永续保障，这是政府行政手段难以做到的"。

（2016年第2期）

后　记

参加本书编写的北京互生经济学研究院县域经济可持续发展课题组，对县域经济可持续发展相关解决方案和模式应用问题，从2014年就深入市场进行有针对性的探究，并取得了阶段性的成果，并以《县域经济可持续发展十二解》面市。

《县域经济可持续发展十二解》参照了"十三五"规划和2018年中央一号文件，即《中共中央国务院关于实施乡村振兴战略的意见》，结合了《乡村振兴战略规划（2018－2022年）》《农业农村部关于加快推进品牌强农的意见》《中共中央国务院关于完善促进消费体制机制进一步激发居民消费潜力的若干意见》，围绕县域经济发展中的热点难点问题，靶心明确地给出实实在在的解决方案，旨在帮助为实现县域经济可持续发展寻找解决方案的县（市）的政府和企业，在县域经济发展中进行决策参考。

在我们编写的这本书里，把一些媒体报道附在了后面，都是相关解决办法在市场应用上获得的成果和认可，这样就能使大家清楚，县域经济可持续发展解决方案不仅有解决办法，还有已经成为事实了的具有公信力的市场成果。

虽然参与编写的课题组人员为提高本书质量，保证及时出版克服了许多困难，做出了很大努力，但是缺点和不足仍是难免的。

真诚地欢迎读者、同行和有关专家提出意见和建议，以使我们改进工作，不断丰富和完善县域经济可持续发展的解决方案。

北京互生经济学研究院课题研究办公室
县域经济可持续发展课题组
2018年9月